中國大學人文啟思錄 第九卷
下冊

歐陽康　主編

目　錄

中國與世界

文化與藝術

價值衝突與人文自然

劉笑敢　香港中文大學哲學系教授

　　大家晚上好，很高興今天晚上能跟大家談一談，我對當前世界價值衝突的思考，以及我是如何面對這個問題的一些想法。我演講的題目是《價值衝突與人文自然》，價值衝突指當今世界面臨的問題，人文自然是我研究老子的收穫。我希望人文自然能夠為解決價值衝突提供一個參考。

　　首先，談談價值衝突的問題。我先從現實的課題來談，佛羅里達有一個海水浴場，海水浴場的救生員發現，外面有人要淹死了，他過去把那個人救起來，老闆把這個人辭退了，有四個救生員抗議。我想問下大家覺得這個人有沒有錯呢？認為他有錯的請舉手，認為他沒有錯的請舉手。現在問題是不是有這樣的衝突，一個是公司的利益和人民的價值，你是這樣的想法對不對？這個問題我想討論起來還要很多時間，我們來看下一個問題。關於這個問題我總結一下，一邊是生命，另一邊是公司的紀律，這兩者是有衝突的對不對？衝突就在於是生命重要還是公司的紀律重要。我們再看一個例子，香港有一個醫院，一位兒子把父親送到了醫院，香港的前臺護士不接受，說所有的急救病人必須要由救護車送來。兒子沒辦法，就叫了救護車，結果二十分鐘以後父親去世了。大家覺得前臺護士有沒有錯？這又是一個矛盾，是醫院的制度高於生命，還是生命高於醫院的制度。兩個問題

都是極端的問題，我們再往極端的想，這個救生員救外面人的時候，這裡有人發生了危險，沒有救起來，這個問題性質就轉變了，大家對救生員的同情就會減少，會不會這樣？如果送到這個醫院的病人沒有死，大家是不是就覺得這個護士沒有錯。我們再舉一個例子，一個員警當臥底，跟毒販打交道要去吸毒，不幸吸上了癮，自己變成了吸毒犯，最後判了刑，釋放出來公職沒有了。大家覺得對這個員警判刑有錯的舉手，認為沒有錯的舉手。如果你是警察局的局長你會怎麼做？如果你是醫院的院長你會怎麼做？如果你是游泳池的經理你會怎麼做？有一年，美國東部遭遇了龍捲風，電斷了，大樹倒了，老百姓的生活遇到嚴重問題。冰箱壞了，他們需要買冰，本來五十美分的冰，現在賣到五美元。大樹倒了，把房子壓壞了，需要請人來修，鋸一棵樹需要兩萬美元。家裡沒有地方住，去住汽車旅館，原來只要五十美元一晚上，現在要五百美元一晚上。有些記者在報紙上寫文章，認為這樣是不對的，但經濟學家出來寫文章說這是市場規律，他們沒有錯。出價高的得到應有的服務，這沒有什麼不好。大家認為經濟學家奉行經濟規律說得對的舉手，認為報紙記者做得不對的舉手。在奧運會上，羽毛球運動員為了更順利地拿到冠軍，避免體能消耗，在前面的比賽中假打，引起了很多人的不滿和抗議，有很多人持不同意見。有人認為我最高的目標是金牌，在規則裡為了得到金牌在兩場不重要的比賽中保存體力有什麼錯？我沒有違反制度。有人說運動員精神哪裡去了？你難道就為了金牌嗎？大家認為運動員對的請舉手，認為他們不對的請舉手。好像前面和後面舉手的傾向不一致，前面好像傾向於救人，後面好像傾向於奪金牌。好像在生命面前制度沒有那麼重要，在一般的規則面前奪金牌比較重要，假打也沒有什麼問題。這些

問題都沒有標準答案。政治學家和經濟學家的答案是不一樣的,管理層和普通老百姓的答案也是不一樣的。

這是稍微極端一點的例子,但也是真實生活中發生的例子。你們都年輕,在大學裡大概還沒有碰到過這樣的價值衝突,但當今世界中有各種各樣的分歧和價值衝突,那麼我們應該怎麼面對這樣的衝突?有人認為這很正常,所以我們不必擔憂,也不必討論它。那麼分歧永遠不可能徹底解決,所以不如見怪不怪。對於這種態度,大家贊成嗎?一個是社會的發展和傳統觀念不一樣,一個是制度與良知、人性與生命價值的關係,一個是環境和自我主體性的關係等等。所以我們現在面臨很多衝突。在剛才的問題中,我們對制度也會產生不同的態度,或者認為制度可以修改,或者認為對制度要無條件地遵守,那我們應該怎麼做?是不是可以靠少數天才來解決,靠政府監管,靠法律專家制定法律。這樣可以解決問題嗎?有人說制度是人定的,應該是靈活的,但應該靈活到什麼程度,誰來執行這個靈活度?如果我是醫院的院長,我給護士靈活處理的權力會怎麼樣?可能急診室爆滿,有些根本不夠急診的條件也進來了。但是如果一個接待員沒有權力做出判斷,一味機械地執行制度,就會出現前面說的意外情況。也有可能因為前面說的是意外情況,所以不必改變制度。

我現在講這個問題,只因為我覺得靠少數天才、法律專家無法解決這個問題。因為都是制度發生問題之後我們再思考去怎麼解決,這都叫「馬後炮」。你有防禦駭客攻擊的方法,駭客就有更高的方法攻擊你的電腦,這種是相互攀比上升的。我們都知道矛盾的故事,沒有絕對的把握可以說,我的盾隨時隨地可以防你的矛,我的矛一定能刺破你的盾。我想,這個情況是人類在社會文明中面臨的困境。在傳統

社會，這種矛盾不尖銳，都是熟人社會。你如果偷東西，全村人都知道，天天警告你。現在人員流動大，偷東西被抓了，進去關十幾天，出來了人們照樣不認識我。現在社會情況不一樣，在這種情況下，我認為需要更多的人來思考這些問題，避免對這些問題做一個簡單化的判斷和處理。為自己，為社會，為我們的未來，尤其是大學生，將來社會的精英階層，更需要去思考這些問題。不能夠只考慮自己，你將來可能會扮演某種角色要面對這種矛盾。當你看到你的同事因為不公平的待遇被老闆開除或者降職，你是選擇支持你的同事還是支持你的老闆，這是你隨時可能面臨的選擇。更多的人需要思考，但思考的結果有用嗎？思考比不思考好，思考是有益的，但思考不能保證成功，不能保證有更好的辦法。其實問題就是我們要不要、該不該追求更好的社會。現在我們的社會價值是分裂的，沒有一個系統的價值體系。美國的一個社會學家，提出價值系統是碎片化的，沒有完整的價值體系。我們在奧運會上向金牌得主歡呼致敬，這時候我們是柏拉圖式的完美主義者。在戰場上，醫生救人的時候，可能會傾向于優先救好那些治好之後還能打仗的戰士，而不是那些生命垂危救活了也不能再上戰場的戰士，在這個時候我們都是功利主義者。還有我們在講到個人財產和個人權利的時候，我們都是洛克主義的信奉者。我們在做慈善事業講同情、講平等的時候，我們都接受基督教的觀念。他說的是美國的情況，但我覺得中國雖然不信基督教，但是在做慈善的時候也會這樣。我們在講個人自律的時候，都接受了康德主義的自由主義原則。他的結論就是：現代社會的價值體系是破裂的，都是碎片，沒有一個完整的價值體系，我們是一個事情用一個原則處理，沒有一個完整的人的道德原則。所以他提倡一種美德倫理，就是人應該是一個什

麼樣的人。把這個搞清楚，在處理問題的時候，從一個有德性的人出發，我們應該怎麼樣面對這個世界、處理這個問題。

我想通過這個來講我們怎麼面對這個碎片化的世界。我現在簡單總結一下，現在是碎片化的心靈世界，而且這種情況越來越嚴重。我們現在處於全球化、現代化背景下，不得不面對全球化、標準化、規範化、制度化下的碎片化、機械式的管理，以及孤立僵化的思想等等。於是，作為雇員，我只聽老闆的決策沒有錯，我按照規章制度辦事沒有錯，出了事故我也不需要擔風險。倫敦奧運會羽毛球假打的情況，是運動員和奧會之間的矛盾，是不是制度高於一切，是不是金牌高於一切，這都是可以思考的。佛羅里達的這件事情，就是企業的利益是否應該高於社會的價值。美國龍捲風之後，商品價格、服務價格暴漲。這裡涉及了一個是不是盈利目標高於一切，不受道德、良知的影響的問題。中國古代有個說法叫為富不仁，現在我們是不是不講了。每個人想掙錢是沒有錯的，今天的世界裡是不是所有人掙錢都是合理的，手段已經不重要了，是不是這樣？剛剛講的醫院的例子，醫院的制度是不是高於醫院的基本職責？員警臥底吸毒成癮，獲得刑法之後應該怎麼樣？員警是否僅僅是執行國家義務的工具？這些問題沒有簡單的答案。

我們從制度、市場、法律這些方面進行考慮，原則都是必要的。制度、市場的目的是什麼？制度、市場的運行規則及標準是什麼？這都是必要的，但制度是否應該高於一切？制度是不是目標？還是制度為更高的目標服務？制度是否需要定期或不定期的修改？如果制度經常修改就不是制度，但如果制度永遠不修改就不是一個好的制度。另外，執行制度的人是不是機器人？市場中的人是不是動物？動物從本

能出發要獲取自身最大的利益。當然我們也可以認為動物裡面也有互惠的自我犧牲精神。比如有一群鳥在那休息，有一隻鳥做警衛，看到老鷹來了，這只鳥就開始叫，為了全體的利益，這只鳥犧牲了自己。我們是否按照動物式的法則來行動？執行者有沒有思考的權利和空間？管理者和被管理者之間是相互信任還是相互防範？正義原則是好的，研究正義的人也產生了很多觀點。有的研究強調形式上的正義，不管內容如何，都應該公平一致地運用這個原則。比如招生我們就看分數，其他我們都不管，這就是形式的正義。還有實質的正義，強調每個人應該對政府和其他人具有基本的權利。那麼資源配置的公正和照顧弱勢群體之間是否有衝突？美國當代哲學家羅爾斯，他講正義論，他在講平等權利的時候強調，特殊的情況可以稍有傾斜，社會應該向弱勢群體傾斜，保護他們的權利，這對整個社會是有好處的。但是羅爾斯的同事就不贊成，我的勞動你憑什麼拿來照顧弱者，這就形成兩派。都是自由主義，一個人強調保護弱者，另一個人認為我的權利不能被侵犯。羅爾斯提出這個理論有個背景，因為他弟弟是一個智力障礙者，所以他能想到這樣的情況，如果強調按勞分配，那弱者就沒有生存的空間。在強調公平的基本原則下，對社會中的不幸階層有某種不平等的照顧。他的同事反對這種觀點，認為不應該根據需要採取這種不平等的分配。

另外還有言論自由，政教分離。美國是強調政教分離的，公立大學是不能有神學院的，只有宗教研究系，私立大學才有神學院，神學院培養神父和牧師。這是一個政教分離的原則。但是這裡面有一個問題，宗教言論是否自由。還有戰爭與和平的爭論。有人說你要獲得和平就要阻止戰爭，還有人說解放被壓迫人民的戰爭是必要的。還有人

工流產在美國有很大的爭議。保守的天主教會是堅決反對人工流產的，其實一個女孩子被強姦懷孕，也不應該流產，這是上帝給的生命，你沒有權利傷害他，殺害嬰兒是一種謀殺，墮胎也是一種謀殺。國際關係更是如此，以色列和巴勒斯坦的矛盾，已經存在大半個世紀了，沒有辦法解決。

這種問題很多，我們就不多講了。講了這麼多就為了說明一個問題：當代世界是一個充滿價值衝突的世界，這在傳統社會不明顯，而在現代社會，隨著全球化，技術性、制度化的管理，這種矛盾衝突越來越多。在這種情況下，我們怎麼思考這些問題？有沒有標準答案？我看我們社會面臨的問題是越來越複雜了，我們的技術手段、政治學理論都越來越精細，但是面臨的衝突也越來越多了。我們面臨的衝突越來越多，越來越不好解決，往往是牽一髮而動全身，你不走也不行，走也很難走。如果我們不解決，就會更糟。我們要從不同的角度來思考這個問題，思考問題不等於可以解決這個問題，但是可以防止我們簡單粗暴地用一種方法解決問題，這樣做是比較好的應對措施。我們現在講這麼多，可能是因為我們並未身在其中。我現在講的不是人與人之間的感情糾葛，而是問題的實際處理上、制度上、利益上會面臨的困難。

我想從道家的角度，對這個問題做出回應。老子說：「天下有始，以為天下母。既得其母，以知其子，既知其子，復守其母，沒身不殆。」老子所說的道，是萬物生成的總根源和總根據，這是社會、人生、宇宙的一個根本，萬物最後都要回到這個根本，萬物是子，要守著萬物的根本，這樣你才沒有危險。任何問題都有一個更高的目標，或者更高的原則。比如金牌至上與個人尊嚴問題。我兒子說美國

的一般人覺得運動員這樣做沒有錯，但美國的運動員覺得很丟人。這就有一個個人的基本尊嚴的問題。組織之上是不是還有良知和生命的價值？盈利之上是不是還有一定的社會責任？企業的目的是不是純粹為了盈利？企業有沒有社會責任？中世紀的時候，教會是非常強大的社會力量。在今天，企業具有非常強大的影響力，甚至是控制力。企業特別是金融銀行，大到不能倒。二〇〇八年金融危機，政府花了很多錢來救大銀行，因為銀行太大了，不能倒，否則整個國家經濟就會崩潰。這跟中國很像，當時中國的民營經濟正在往上走，在金融海嘯來的時候國家拿出幾萬億的錢來救市。我剛才講的似乎都是問題，其實有相反的。比如同情弱勢群體的有很多，我在香港認識了很多人，他們大都參加了公益團體，他們有足夠的收入和很高的學歷，有的是律師有的是老闆。我跟他們私下一聊，他們有的在廣西資助建設希望小學。而且現在在美國等有一種社會企業，它按照企業的運行模式來運作，但是它承擔社會責任，安排弱勢人群工作，讓他們自食其力，有尊嚴地生活。

對美國的制度進行反思的人很多，只是這些東西很分散，我是有意識注意，才發現真不少。但還不是主流輿論，還不是大學金融系的教材，大學金融系主要還不是講這個，主要還是講怎麼管理怎麼贏利。你們都知道松下，這是日本很大的公司，原來經營得很好，但現在在走下坡路。他們第一代就是靠科研做出新產品，帶動公司贏利。現在的管理層不是科學家，而是商學院的專業人才，他們提出的贏利方法就是降低成本，減工資裁員，而忽略了科技創新和新產品的開發，所以這個公司沒有新的發展機遇。現在對這些問題的確有很多反思，但是反思得不夠，沒有進入主流社會。

剛才我講到的根本性啟示之外，還有一個新的啟示，老子講「有物混成」，它好像可以作為天下萬物的起始，但是我不知道它的名，那麼我給它一個字，那麼就叫它道。中國傳統文化中，名字是父母給的，是父母叫的。朋友、同行之間表示尊重不應該直呼其名。男子成年以後要起一個字，要是表示尊敬就要叫字。老子說：「吾不知其名，強字之曰道。」老子說我不知道它的真正名字是什麼，我給它一個名字叫作道。老子強調宇宙萬物有一個生成，生成的階段是宇宙萬物的起始。你們想植物有植物的規律，化學現象有化學現象的規律，這些規律是不同的，但這些規律的背後是不是有一個共同的東西在起作用？如果沒有的話為什麼物理世界和化學世界不能分開？如果有的話，是什麼東西把這些東西合在一起？好像這個社會乃至這個宇宙是一個整體，你不能把這個世界分開。有沒有一個東西是這些不同規律背後的東西？我們假設有。如果你信基督，那就是上帝。如果你信唯物主義，那就是物質的普遍運動規律。這些都是一種理論學說，都承認這些事物背後都有一個東西在運作。老子說我不知道，給它一個字叫做道。他看到了我們人類認知世界的有限性，但是對於看不見摸不到的東西，我們該怎麼認識呢？就要用理性去思考它，根據它的顏色、味道去思考嗎？我們會做一些推理和猜想，我們現在講宇宙的起源，基本上以宇宙大爆炸為主流，但是細節還在研究。這些東西很難說有一個東西來控制，我們的認識能力其實是有局限的。而老子在二〇〇〇多年前沒有走基督教、佛教的路，斷定有一個東西是宇宙萬物的根本，他推測應該是有的，那這個根本是什麼，他不清楚。其啟示意義就是人類認知能力的有限性，這一點是值得我們思考的。我們個人、群體都不可能是全知的，不可能是絕對正確的。我認為這是非

常重要的。如果你是一個小人物，你自以為能上知天文下知地理這個損害不大，沒人理你。但你佔據重要位置時，你覺得自己什麼都知道，你相信你是絕對正確的，這個損害就非常大。如果你父親覺得他是永遠正確的，他講的你都要聽，那你就慘了。老子講道的模糊性，不知道道是什麼。這種態度是非常可貴的，而且深刻地指出我們人類的認知能力是有限的。我們不僅對道沒有認知能力，對人類內部生活的很多事情也沒有認知能力。

另外，老子還講了正反觀，就是說任何事物都可能走向反面，任何事情都可能產生相反的結果。這對我們也是一個啟示，避免我們盲目自信地發展成災難。對於金融海嘯的產生，你們可能沒有太多的經驗。我當年在美國做客座教授，那個氣氛完全就不一樣。各國政府差不多都一樣，一有困難先砍教育。金融海嘯是華爾街引起的，華爾街那些人大都是金融領域的精英。本來金融機構是一個服務機構，為人們提供資金、周轉資金。現在他們發展成一個工業集團，創造利益，他們生產金融衍生產品。美國政府說窮人買不起房子，他沒有資格去貸款買房子，美國政府本來是好意發展一下次貸，就是第一等的貸款，你信用不夠，也給你貸款。但金融機構不幹，沒錢為什麼要給你貸款呢，所以它就提高了利率。你信用好，按百分之五的利率給你貸款，信用不好也給你貸款，利率是百分之八。房價高的時候沒問題，你可以抵押。但房價一跌，這百分之八就還不起了，你就破產了，銀行就把房子廉價地賣出去。這就是好事變成了壞事。華爾街的那些精英算得非常精妙，發一百份次貸，估計違約率是百分之二，就按百分之二買保險。保險公司再把這個打包成金融產品賣給別人，賣了幾遭，最後這個房子的貸款到底屬於誰都不清楚。因為賣了好多次，都

是為了保險，卻是按百分之二賣的。這些聰明人都沒有想到房價跌了怎麼辦，房價跌了整個鏈條就斷了。華爾街引起了這些危機，但這些危機還是要靠他們解決，這就很荒謬。可是如果不依靠他們，也沒有更好的辦法。現在就有很多人批評美國政府監管不力，但是監管總是落後於現實的，總是對發生的問題提出解決方法，然後又會出現新的問題，新的問題的出現就是因為贏利的驅動，這是我們人類難以克服的正反相生的困境。

還有一個啟示，是人類文明社會的理想秩序，就是道法自然，是一個整體的自然與人的和諧秩序，強調整體性而不是個別碎片。老子講的自然是根本性的，是人法地、法天、法自然，那個自然是最高的，是整體的。還有道家聖人的啟示，「生之畜之，生而不有，為而不恃，長而不宰，是謂玄德」。就是說萬物由我產生，但我不佔有萬物，我是萬物之長，但我不主宰萬物。這是道家的責任感，突出表現就是，對萬物負責，對行為物件負責，而不是對自己負責。聖人輔萬物，關鍵在於他的物件在於萬物，而不在於聖人自己的能力表現。按照這個原則，一個醫生是關心病人，而不是自己。一個教師關心的不是自己是否有收穫，而是學生是否能學到知識。道家的關切是一個物件性的關切，而不是自己，並且是一個包容性的關切，是報怨以德。老子講的是聖人對萬物的態度，對萬物不加區別。聖人輔萬物，是幫助、輔佐。不同於輔的是放縱溺愛。放縱溺愛是一般人的為，而無為反對的是這些。道家式的聖人強調的是輔萬物，萬物不是孤立的個體。萬物是包含一切存在的，聖人輔萬物是要包含一切的。一個學校可以不要考分不高的學生，一個軍隊可以不要能力低下的戰士，可一個城市不能把能力低下者送到別的地方去，到了這個層次你只能包容

萬物。孔子講的是作為個人，其道德應該怎樣；作為個人，應該懂得什麼是恩、什麼是怨。但作為聖人，作為一個領導者，他應該有輔萬物的態度與胸襟、原則與方法，這樣的話，社會才是一個整體而不是破碎的，這是道家給我們的啟示。

2012年於華中科技大學演講

田小桐根據錄音整理

蘇格拉底之死與雅典民主政治

黃　洋　北京大學歷史學系教授

　　我今天演講的題目是《蘇格拉底之死與雅典民主政治》。蘇格拉底之死是個很有名的案例，我想通過這個案例來講當時的雅典社會是一個怎樣的社會以及這個社會為什麼會處死蘇格拉底。我們主要講一下雅典民主政治，因為那個衝突是當時雅典民主政治和蘇格拉底之間的衝突。我們先來看一下基本的事件，事件發生於西元前三九九年，雅典民主政治之下的一個法庭，以一個完全合乎程式的方式，居然將偉大的哲學家蘇格拉底判處死刑。我們知道在當時，如果一個殺人的人想要得到社會的原諒和重新接納，那麼他需要一個宗教的儀式——潔淨禮。在希臘神話中，我們可能知道一些著名的例子，如俄瑞斯忒斯為父弒母。在希臘人的觀念裡，兒子為父親報仇是天經地義的，但他為了自己的父親報仇而殺了母親，這是犯下了滔天之罪，當地人不能原諒他，後來他流浪到雅典，雅典為他舉行了一個潔淨禮儀式。當然並不是說殺人罪僅僅靠一個潔淨禮就可以赦免，舉行潔淨禮以後再對他進行審判。審判是雅典的一個貴族議事會，一共有十二個成員，控告方是復仇女神，審判人是阿波羅，主持的是雅典娜。結果是六票對六票，有人覺得他為父親復仇是正確的，有人覺得他殺母親是不正確的。最後在相持不下時，雅典娜站出來投了他一票，最後俄瑞斯忒斯無罪釋放。這個故事和我們要講的內容有關，因為審判蘇格拉底時

正是祭祀阿波羅的節日，一般在祭祀之前民眾要沐浴更衣，是不能夠殺人的，而在古希臘並無監禁的刑罰，監禁的刑罰是現代社會的產物。因為恰逢祭神節日，蘇格拉底沒有立即被處死，而是被關在監獄裡面一個月左右，過了一個月之後讓他喝一種毒藥而死。

　　這一事件對於現代人來說，是雅典暴政的體現，是一群暴民把一個偉大的哲學家給處死了。但是對西方人來說，這裡有一個巨大的困惑。我們可以認為在某種程度上說，蘇格拉底是耶穌的前身，耶穌是西方人構建的宗教領袖的形象，為了拯救天下的人民而獻出生命，他是一個殉道者。蘇格拉底是比耶穌更早的一個殉道者，這二人是西方歷史中的兩大悲劇人物。但耶穌是被羅馬當局給處死的，西方人對此沒有價值上的困惑，因為耶穌對於基督徒來說代表的是好的一方，而羅馬當局則代表著殘暴，他們是鎮壓宗教信仰的一方。這一案例中好壞分明，人民自然站在好的一面。可是蘇格拉底這個案子不一樣，當時雅典民主是民眾嚮往的，而且古希臘時期被認為是西方文化史上的一個黃金時代，也被西方人認為是現代西方文明的根源。現代西方文明的根源在於古希臘，而它的核心就是雅典。西方人試圖在古代希臘民主制和現代西方民主制之間建立起一個譜系，把源頭追溯到古代雅典，所以雅典的民主制是西方人所推崇的。那麼問題來了，既然雅典民主製備受西方人推崇，為什麼雅典人還要把聖人處死？這就導致一些西方人對此產生困惑。我舉一個例子，在二十世紀後半期，美國有這樣一個著名的報人，他對西方的民主制推崇備至，但是他心裡有一個解不開的結：實施民主制的雅典人為什麼會把一個大哲學家處死？他在退休之後決定研究這個問題，他花了十九年去解開心裡的這個結，一九八八年，他寫了一本書，叫《蘇格拉底的審判》。他在書中

說：「我越是愛上了希臘人，蘇格拉底站在法官面前受審的情景越是叫我痛心，作為一個民權自由派，我對此感到震驚，這動搖了我的信念，這是雅典和它所象徵的自由的一個黑色污點。」西方的民主叫作自由民主，民族與自由是一體的，民主一定是自由的，而一個民主的政權處死了蘇格拉底，在如此自由的一個社會裡，怎麼會發生蘇格拉底的審判？在中國，我們幾乎沒有很好地去研究雅典民主制，我們形成一種精英主義思想，認為雅典民主不是真的民主，他們不可能好好地管理一個國家。這種思想從何而來？源自柏拉圖的著作，柏拉圖在其對話錄中將蘇格拉底描繪成一個殉道者，而將雅典民主描繪成下層老百姓、邪教、殺人犯、農民或者皮革匠之流。我們怎麼解答這個困惑？為什麼雅典會判蘇格拉底死刑？要回答這個問題，我們主要看以下幾個方面：第一，雅典的民主政治是怎麼回事？第二，蘇格拉底實際上是一個什麼樣的人？我們心中這個蘇格拉底的形象是從哪裡來的？第三，蘇格拉底審判的過程是什麼樣的？第四，雅典民主制到底錯在什麼地方？

　　第一點，我們談談雅典民主政治。現在的學術界通常認為，西元前五〇八年到西元前五〇七年，雅典進行克里斯提尼改革，建立起一個民主的政體。希臘的每個城邦的政治機構主要有兩個，一個是公民大會，另一個是議事會。議事會在不同的城邦，規模不一樣。雅典有一個貴族議事會，但是克里斯提尼貴族議事會之外又新建了一個五百人議事會，把雅典分為十個部落，每個部落出五十個人，這五十個人是怎麼產生的呢？是在年滿三十歲之上的公民中抓鬮選出來的，任期一年，不能連任。這相當於政府的常設機構就是五百人議事會。五百人議事會中有兩條規則，一條是抽籤，另一條是不能連任。選舉，對

希臘人來說，選舉不是民主，而是精英政治和貴族政治，它是民主的對立面。而真正的民主是抓鬮，這是真正的平等。從我們現代的觀點來看，這種民主是非常激進的一種方式，它抹去了社會成員之間的貧富差距、教育差距，甚至是智力水準的差距，強調一個近乎絕對的平等，沒有哪個現代的民主制是這麼做的。當然還有一個公民大會，但公民大會是改革前就已經存在的。這個五百人議事會民主機制的基礎是十個部落，每個部落由三個部分組成，一個是沿海的地方，一個是雅典的地方，一個是內陸的地方。三個部分組成一個整體，這是匪夷所思的，至少在我們中國歷史的行政區劃上從來沒有出現過。他們為什麼這麼做？這是一個很人為的方式，希臘人的思想有創造性，它解決了地域之間的差異。一個好的民主制的基礎應該是平等，其邏輯正是在這裡。克里斯提尼的改革初步建起了民主政體，五百人議事會以民主的形式產生，而且五百個人是一個龐大的整體，每年五百人，我們算一代人是三十年，三十年差不多有一萬五千人有機會能夠參與到民主政治中，所以西方學者將西元前五〇八年看作是西方民主誕生的標誌。到了西元前四六一年，貴族會議的權力被轉交給了國民大會，自此國民大會獲得了國家的最高權力，這是雅典民主政治的基本走向。

那麼古希臘人對民主思想是怎樣表述的呢？我們來看《戰爭史》這本書，這本書是部歷史學著作，也是國際關係必讀書藉，它被認為是最早闡述國際關係理論的書籍。《戰爭史》講述的是雅典陣營和斯巴達陣營的對立和戰爭，它記載了伯利克里在葬禮上的演說，這個背景是雅典每年會給為城邦犧牲的公民舉行國葬，然後邀請一個最有名望的人致悼詞。伯利克里在演說中對民主政治的觀念做出了經典的闡

述：「我們的政體稱為民主政體，因為權力不是掌握在少數人手中而是在多數人手中，在處理私人爭端的時候所有人在法律面前人人平等，正如我們在政治生活中是自由開放的，我們在日常生活中的相互關係也是如此。」這裡實際闡述了和現代文明非常接近的三個原則。第一個原則是權力在多數人手中，現在的西方民主政治正是這樣，當然理論上是這麼說，但實際上未必。第二個原則是法律面前人人平等，這個口號在二五○○多年前希臘人已經有過明確的表述。第三個原則是個人自由。英國的一個哲學家波普爾在二十世紀四○年代寫過一本書叫《開放社會及其敵人》，他把雅典表述為一個開放社會，而認為柏拉圖就是開放社會最大的敵人。所以這些表述其實與我們現代人的觀念是很接近的，民主、開放、平等、自由。但我們只理解這個觀念是不夠的，重要的是要理解這個體制是怎麼運作的。有人說希臘的民主是一個偽民主，還有人認為雅典的民主是很原始的，但其實它是一套完善、發達的體系。

為什麼說雅典民主是一個完善、發達的體系？我們來看它主要的幾個機構。首先是公民大會，所有的權力都在公民大會，它立法制定國家法律，決議城邦重大事情、選舉甚至審判，我們可以明顯看出，它沒有現代西方三權分立的概念。三權分立的概念是西方近代民主制的一個產物，至少在希臘沒有這樣一個權利分立制衡的觀念。這一概念出現在羅馬，希臘歷史學家波利比烏斯在解釋羅馬共和政體制度時提出，羅馬的民主政體是君主制、貴族制和民主制混合的政體，這三個因素相互輔助也相互制約，因此他認為羅馬共和政體是一個最完善的政體，當然他是從一個古代希臘人的立場來看的。所以權力制衡的觀念和做法，在羅馬時期才出現，在古希臘是沒有的。真正闡述權力

分立這一觀念的是孟德斯鳩。那我們看，公民大會是哪些人參加的？年滿三十週歲以上的男性公民才有參加政治的權利，公民大會每個月四次、每年四十次。在公民大會上，任何公民都可以提出問題進行討論，通過演說辯論，最後進行投票。現代大部分學者認為大會人數有六千到八千人，雅典的男性公民總共也才有兩萬五千到四萬人之間，而這個總數中經常有六千到八千人能參與制定決策。

這麼廣泛、頻繁的政治參與在現代民主制國家也很難看到。雅典人是每隔九天投票，每個人都有機會發言和辯論，所以它和現在的政治體制有著根本性的不同。當然希臘人開會一般也就一個半天或者一天左右，很少有兩天的情況，那麼大規模的會，六千到八千人參與，這是需要精心組織的。他們事前要準備預案，事先的議程和預案由五百人議事會決定，只有列入五百人議事會並被公布出來的才能討論，沒有列入議事會的不能討論。而且這五百個人要準備草案，可以修改它也可以推翻它，這是公民大會決定的。所以它是事先準備好的，為了保證能夠在一天內完成。從西元前三九〇多年開始，雅典國家為來開公民大會的人補發津貼，這個錢可能不多，但它保證了最窮的人也可以來參加大會，它是真正為窮人著想，給他們最基本的生活保障。有人曾說過民主政治的標誌之一是津貼，這對窮人來說尤其重要。上面講的是公民大會，接下來我們看五百人議事會。成人的選拔，我們剛才講了不能連任，由抓鬮決定。每個部落五十人組成的主席團是國家的辦公機構，負責國家的日常事務，而且這五十人在每個月是不固定的。為什麼這些人不固定？不確定的抓鬮會讓每個部落保持平等。此外，在主席團內部，每天抓鬮選出一個人當主席團的主席，他的任期是二十四小時並且不能連任，他掌管國家大業，掌管國

家金庫的鑰匙。五百人議事會是一個執行機構，它沒有決策權，所有決策權都在國民大會，它為公民大會準備議程，召集和主持公民大會，其行政權力非常小。此外它還有一個權力就是監督官員，這五百個人是抓鬮選出來的，每開一次會，每天就會有一定的津貼補助，除了節日和凶日，其他日子都開會。

我們再來看人民法庭，人民法庭是陪審法庭，雅典實行陪審制度。我們可能看過美國打官司的電影，一些重要的事情要選陪審團來審判。陪審團是十二個人，由這十二個人來決定被告是否有罪。這個陪審制度就是從雅典來的，陪審制度被認為是美國民主制度的重要成分，美國的陪審團是由公民選出來的，當然要當事人確認這個人和原告或被告沒有關係。這個制度的觀點是一個人是否有罪不是由高高在上的法官決定，而是由和大眾一樣的普通人來判斷。雅典的陪審團可不是十二個人，最少是二百個人，最大的陪審團就是公民大會，也有法庭，但重大的事物要由公民大會決議。對現代人來說，這個效率是很低的。古代人不考慮效率問題，他們沒有那麼強烈的觀念。有一個美國的人類學家寫過一本書叫《石器時代的經濟》，他在書中說，石器時代的人是很富足的，因為他的需求很少，每天可以捕捉到足夠的食物就可以了，每天狩獵採集的時間也就五六個小時，其他時間可以愛幹嘛就幹嘛。也就是說那個時代的人的心態和我們這個時代是不同的。我們現在每天工作八個小時尚且會覺得不夠，因為我們的欲望被激發出來了，這跟效率、經濟、產出等都掛起鉤來。從現代人的角度考慮，這個效率不高，但古代人考慮的不是效率問題而是其他問題。法庭審判的時候需要這幾百個人組成的陪審團，那個時候的法庭和現在的美國法庭不一樣，它沒有法官。美國是由陪審團來定被告有沒有

罪，如果被告有罪就由法官來量刑。而雅典陪審制度中被告有沒有罪及其量刑全由陪審團投票來決定，而且要經過兩輪投票。在審理的過程中，採取的辦法是原告和被告分別陳述，原告提出訴訟詞，被告來進行辯護。還有就是投票，有一個投票箱，你投什麼別人看不到。雅典的人民法庭具有審判權，而且人民法庭還有一個重要的政治權力，就是民可以告官。在雅典，任何一個公民都可以告任何一個人，這是公訴權，這在法律史上是一個重大的革命。雅典有一個革命性的創新，就是第三者控告，讓第三者代表原告去告官。更重要的是，你可以對危害公共利益的人提出訴訟，這是現代公訴人制度的起源。在雅典，任何人都可以做公訴人，控訴的權力在老百姓手中，所以人民法庭是一個重要的政治機制。

在官僚機制方面，所有的官員都年滿三十歲以上，而且雅典絕大多數官員都是抓鬮選出來的，任期一年，不能連任。亞里斯多德曾說民主就是輪流做統治者和被統治者，大家所有的人都有機會。大家心裡面可能會想，當官都是抓鬮，但如果那個人有智力障礙怎麼辦？其實不要緊，要補充的是大部分官是抓鬮的，也有一些官是選出來的，他們可以連任。比如說將軍，將軍是帶兵打仗的不能隨便選一個人。再比如說會計，會計掌握國家的金庫，他必須要會算帳。除了這些專門的官員之外，其他都是抓鬮選出來的。雅典社會是很奇特的，幾乎沒有一個官職是由某一個人擔任，任何一個官職至少由十個人擔任，官員採取委員會制，沒有一個人能單獨做決定，必須由十個人共同做決定。所以即使有一個官員有智商問題也不要緊，因為還有九個人是正常的，因此問題沒有我們想像中那麼嚴重。權力是大家輪流掌握的，參與國家治理也是輪流的，還有一整套對官員的監察制度。無論

是選舉還是抓鬮選出的官員，在上任之前都有一個資格審查，在任期間有一個檢舉制度，對於任何腐敗和貪污，公民都可以起訴。一年之後還有卸任審查，讓公民來檢舉其在任期間有沒有不良行為。官員的每一個環節都被嚴格監察。最有意思的是逃兵放逐法，它是西元前五〇九年頒布的一個法律，它規定雅典每年都可以選出一個人把他流放。他們不選國家主席也不選官員，而是選一個人把他流放，這個人可能完全是無辜的，而一般人都不會選周圍的人，被選出的一般都是威望很高的人。為什麼要把有威望的人流放掉？因為這樣的人最容易樹立自己的權威，而個人權威是和民主相對抗的，個人的權威太高了就會對民主機體產生威脅。將其流放十年，其個人的威望就會被消解掉。

關於雅典民主政治機制，可總結出兩點：一是抽籤和選舉的差別；二是直接民主和間接民主的差別。有人提出，雅典的民主是暴民統治。這個問題在很多學者之間發生了分歧。暴民統治意味著老百姓沒有資格來管理國家，但我覺得，只要你參與就會有經驗。古代的教育本來就是非正式的，更多的是參與教育。給予老百姓更多的參與機會，給予老百姓足夠的信心，普通人也能夠做出理性的、民主的、合理的判斷。但傳統觀念認為老百姓是愚昧無知的，沒有能力做出合理的判斷，所以我覺得這是個人看法的問題。柏拉圖認為，只有少數哲學家才能夠作為統治者。因為柏拉圖的影響太大了，建立的這個傳統影響了後世西方。我們再來看蘇格拉底這個人，在我們印象中，蘇格拉底是一個為了真理而獻身的偉大哲學家的形象，但這個形象是他的弟子們尤其是柏拉圖創造出來的。蘇格拉底的形象更多的是後人描繪的，而當時的雅典人看到的可能未必是這個形象。對雅典人而言，蘇

格拉底的形象可能更接近於阿里斯托芬筆下的形象，他描述的蘇格拉底和柏拉圖描繪的完全不一樣。他認為，蘇格拉底是一個詭辯的代表。他在一個故事中寫道，一個欠債的農民還不了債，就想學習詭辯術賴掉債務，而蘇格拉底正開辦了這樣一個學校。他將蘇格拉底描繪為一個奇怪的人，而且後來還有許多作家塑造了類似的蘇格拉底的形象。所以蘇格拉底可能不是一個偉大的哲學家，而是一個詭辯家。我們再來看對他的審判，我們已經講了任何雅典公民都有控訴權，任何人都可以擔任控訴人，在起訴和辯訴之後，五百人投票，二百八十票認為蘇格拉底有罪。原告提出對他執行死刑，蘇格拉底辯護說：「我沒有罪，我對國家是有貢獻的。」這個辯護是非常不成功的，所以說蘇格拉底被判死刑，不是雅典人要置他於死地，在某種意義上是他自願的。他在追求他的哲學理想，寧可死也不想受到不白之冤，他用死來與體制抗爭，但並不是體制要置他於死地。我並不認為蘇格拉底之死是這個體制的污點，因為很多人都可能會被提起訴訟，而被判死刑的結果是偶然的。只不過蘇格拉底這個人太堅持，他願意為自己追求的真理而獻身，他是自願赴死的。我們可以做一個總結：第一，雅典時期的蘇格拉底可能不同於後世的蘇格拉底形象；第二，蘇格拉底的審判是符合雅典的訴訟程式的；第三，蘇格拉底的死亡是偶然的，他完全可以避免這個結果。

最後我們做出結論，蘇格拉底的審判是偶然的，但最重要的是蘇格拉底為什麼會受到審判。這有助於我們理解蘇格拉底之死的原因。雅典那個時候實行的是民主制，民主最主要的是平等，平等地參與國家管理，但是它對自由強調得沒有那麼多，它的整套制度處處強調的是平等。消極的自由是西方制度的一個產物，人有參與的自由，也有

不參與的自由。但在那時的雅典是沒有脫離的自由的，雅典城邦的生命是集體的。簡單地說，在西方自由民主的理念中，自由和民主同樣重要，等於是兩駕馬車。但是在雅典，平等是憲法上的保障，個人是享有自由的。柏拉圖一直是反對民主制度的，但是自由沒有受到憲法的保護。因為在那個社會，權力掌握在大多數人手上，如果有人對這個社會產生危害，就會受到審判。同理，如果公民群體覺得你這個人會有危險，那麼你就會被審判。蘇格拉底這個案子一開始並不是要置他于死地，雅典那個時代有言論的自由，但是沒有憲法的保護。現代人覺得那個時候的雅典應該像美國一樣，有一個自由的原則，這樣就不能理解蘇格拉底為什麼會被判死刑了。

2012年於華中科技大學演講

何丹根據錄音整理

什麼是歷史？

鄧曉芒　華中科技大學哲學系教授

　　去年講了《什麼是自由？》，今年又講《什麼是歷史？》。這兩個話題看起來好像離得比較遠，但實際上它們之間是相通的。最近幾年，我在考慮建立自己的一套觀點或者說是一套體系，主要的目的不是講別的哲學家的思想，而是試圖講自己的觀點。今天講的這個話題看起來比較通俗，大學裡面的歷史系的學生可能會就自己的專業角度告訴你什麼是歷史。但是我的這次講座是從哲學的角度來探索的。主要講的是什麼是歷史，歷史的本質是什麼。並不是講的具體的歷史學科，而是要探討歷史的本質是什麼。當然，在一般人眼中，歷史就是歷史學家所做的那套學問，那套學問是研究歷史類，相對來說比較簡單。他們主要研究的是故事。人類社會經歷了幾千年，那麼他們所遺留下來的遺物，包括史前時代的考古遺跡，那就是歷史學家所做的。通俗地講，歷史就是過去的事情。為什麼要研究過去的事情呢？有的人讀歷史系，主要的原因是被調劑的，本來是想讀法律、經濟，但分數不夠。而有少部分人是真的想讀歷史系。可能是從小接觸了很多歷史方面的書籍，想把歷史上的一些事情搞清楚。將歷史作為個人興趣來學，無可非議。但別人看起來沒有多大意思，他們覺得你研究得再好，不過是故紙堆，從歷史上得出的結論怎麼能推知我們今天的生活呢？從歷史裡面得出的結論，我們一般用一句話就排除掉了，叫作

「事後諸葛亮」！一般人認為事後你可以評價、褒貶，但那都是過去了的事情，對我們的現實沒有任何作用。經常有人說：「過去的事情就讓它過去吧！我們忘掉歷史，我們從頭開始。」所以歷史在通俗的眼光中往往被看成是史料的堆積、記憶的碎片。雖然有些人會認為，它會使我們獲得一定的教訓。其實很少有人吸取這個教訓，因為人人都知道歷史是不可重複的。既然不可重複，那又有什麼教訓可以吸取呢？再一次發生的，即便有表面的相似性，但也有自己新的特徵。所以再有歷史的觀點，也擋不住現實的誘惑，也擋不住同樣再試一次的渴望。

　　歷史上的屢次失敗也擋不住後人的再試一次，因為有利益在。利益可以使人完全忘掉歷史。在這種情況下，有一句話叫作「歷史不能做假設」。我們經常會做假設：假如慈禧太后死在光緒帝前面，就會怎麼怎麼樣。當年袁世凱如果沒有稱帝，今天就會怎麼樣。不管你做多大假設，總會有人出現說一句，歷史是不能做假設的。今天的時代不同，經驗毫無用處。所以歷史最多有一些修辭學上的意義。今天可以有話說，於是就拿歷史上的事情說。含沙射影，影射今天的現實。在影射史學的角度下，歷史就成了任人打扮的女孩子。這是胡適的話，他從實用主義的角度來講，你要怎麼說它就怎麼說它，它永遠也不會提出抗議。因為歷史是一個死人的王國，死人是不會說話的。但是隨著歷史的發展，這種歷史觀越來越不能被人接受，很多哲學家、歷史學家都提出了新的看法。那麼我們今天就有必要重新來問一問這個問題：什麼是歷史？

　　要探討什麼是歷史，就要探討歷史的歷史。首先我們來看西方的歷史。西方的歷史最早來自希臘文historia，它原來的意思是調查、打

聽，引申為打聽來的情況。你要調查當時的目擊者，還要如實記錄當時的情況，以及對這種調查的如實記錄。所以在西方，英文、德文都直接搬過來，就是歷史學或稱歷史敘述。但是德文裡面還有一個本土的詞叫作geschichte，它也是歷史的意思。但是它來自動詞geschehen，它的意思就是「發生、出現」，名詞geschehen就是發生的事情。這就和historia的意思不一樣了，geschehen指的是歷史上發生的事情，是歷史過程。所以「歷史」在西方就有兩種含義：一是指發生過的事情，是歷史過程；二是對歷史上發生的事情的描述，是一門經驗的科學、經驗的學問，即歷史學。前者是客觀事實，後者是對客觀事實的描述。西方歷史在近代以前基本上都屬主觀的描述。當然也不排除有客觀發生的事件的歷史學，但主要是主觀的描述。這是因為他們認為過去的事情已經不存在了，只有對它的描述還保留著意義。能夠把過去的事情記錄下來，問題在於這種記錄是否全面、是否真實，這就是歷史知識。比如在古希臘，人們認為一次性發生的事情是很難稱之為知識的，只有永恆不變的東西才能稱之為知識。一次發生的，變化的事情被當時的人認為是意見。意見和知識不一樣。意見是偶然的，但知識是必然的。但是最早的歷史學家希羅多德和修昔底德力圖把流逝的事情也當作研究物件。赫拉克利特認為：「萬物皆流，無物常駐。」希羅多德他們就想把流動的時間當作研究的物件確定下來，但是這種研究所確定下來的是經驗的事實，這些事實的證據唯一憑藉的就是目擊者的敘說。但這種目擊者的口述是不是客觀的，是很難評判的。所以這裡面的含金量是很低的。希臘人勉強把歷史學看作是知識，但是這種知識含量很低。亞里斯多德有句名言：「詩比歷史更加富有哲理性。」也就是說詩歌比歷史更加接近哲學、知識、真理。詩歌的認知

功能排在歷史之上。他的理由是詩歌還可以表現出可能性，可以表現帶有普遍必然性的事情。而歷史只記住一次性發生的事情，記錄下來沒有什麼意義。你認識了當時的事情，不一定認識現在的事情。一般來說，歷史沒有被看成真正的科學，頂多是歷史編纂學。今天也有歷史編纂學，就是按照時間發生的順序對史料加以編排。海德格爾把這個稱作原始的歷史，這很難被看作是真正意義上的歷史。但是古希臘的歷史學確立了一個非常重要的特點，歷史學跟一般的自然科學相區別的一個特點是：歷史不是研究自然界的。它只研究人類經歷過的事情。人類所經歷過的事情帶有目的性、帶有主觀意圖。比如說一次政變，它和一次山體滑坡是不一樣的。所以可以用人的意圖解釋的就被歸為歷史，不能用人的意圖解釋，但是對人有影響的，就被稱為命運。不可知的是命運，在歷史中，人也會受到命運的撥弄。雖然有意識、有意圖，但是謀事在人，成事在天。古希臘確定了這一點，歷史學講的是一些人類的事情。首先是有意圖、有目的的，用人的意圖來解釋歷史事件，解釋不了的就歸結為命運。但總體來說是人文的。今天我們把歷史學劃入人文科學，從古希臘以來就是這麼做的。

　　到了中世紀，西方的基督教把歷史中的目的性和命運統一起來了。古希臘時期的目的和命運是分裂的。命運往往不由人意，要跟隨著上帝。中世紀的基督教把目的和命運都統一在了上帝那裡。上帝的目的就是人類的命運，人類最好沒有什麼目的，要跟隨上帝的目的。在基督教裡面，命運不再是盲目的，它就是上帝的目的。有了上帝的目的，有了一個統一的目的，作為命運的目的。歷史在基督教裡面就成了一個有開端和有結局的事情。開端是《創世紀》，也可以是亞當和夏娃的墮落，結局就是最後的審判。你的目的就是你將來要實現的

結果。動機和結果在目的論中是一個結果。一個人的目的可以從兩個方面來看,一個是從動機來看那個人的目的,另一個是從結果來看。如果把上帝引入到意識裡面,整個歷史就形成了一個有開端又有結局的過程。開端就是上帝的創世紀,或者人類的墮落,亞當和夏娃的墮落,結局就是最終的審判。所以中世紀的歷史學家使歷史具有一個完整的目的過程,有開端,有結局,開端是為了結局的得救。因此,神學家們和中世紀的歷史學家們從每一個人類事件都看出了神的意圖。特別是中世紀的神學家,認為人是受命運和上帝支配的。每一件事情都是上帝所造成的,都是有意圖的。但是人不知道,人必須無條件地信仰上帝。這種解釋把一種新的要素加入到了歷史當中,那就是對歷史的整體觀。在古希臘歷史觀中是缺乏歷史的,歷史被看作各種事情的偶然的堆積。

中世紀的歷史學借助對上帝的信仰,建立起了整體的歷史意識。這種歷史意識是可以跨越過去和當前的經驗的事實。而延伸到對未來的信念,把未來也納入進來一起考慮,歷史才具有意義。所以中世紀的基督教在這方面有很大的貢獻。它不是一種就事論事的歷史觀,而是一種瞻前顧後的歷史觀。由於有一個原則,就是神意貫穿於整個歷史之中,於是一開始就在為結論、結局做準備。歷史就成了一個具有方向性的發展過程,這裡的方向就是上帝的最後審判。由此發現我們越來越接近上帝的審判。在中世紀神學那裡,歷史開始被按照一個原則分為一些歷史階段。在古希臘那裡是沒有階段劃分的,就事論事,有什麼說什麼。比如有的神學家認為歷史分為三個階段。一個是聖父統治的階段,乃是舊約耶和華。新約就是耶穌基督——聖子統治的階段。從今以後,也就是未來是聖靈統治的階段。從聖父到聖子,再到

聖靈，體現出幾個發展階段。這些階段都指向最後一個終極的目標——最後的得救。所以中世紀的基督教的歷史觀，最主要的貢獻是把未來考慮進去了。這樣一來，歷史學就不再是只記錄發生過的事情，而且具有了激發人們的實踐、為未來做準備的作用。歷史在這裡不光是死的理論，是事後諸葛亮式的死的知識，而且它成為一種理想主義的信念，甚至是一種實現理想的行動指南。但這個理想是虛幻的，比如說上帝的拯救。可能在座的同學中很少有人是基督徒，雖然不用去信那一套宗教的東西，但它的確會給你帶來生活上的指南。畢竟這種指南的根基是一種偶然的啟示，它不是一種客觀規律，而是對神意的一種領悟和一種信仰。

文藝復興和啟蒙運動以來，西方人擺脫了對神意的絕對的統治，開始把人類的歷史看成客觀的、科學研究的物件。西方科學家們都試圖把自然科學的方法轉用到人類歷史當中，像盧梭就寫了《論人類不平等的起源和基礎》。這種轉用只是形式上的模仿，把牛頓物理學轉移到人類歷史學上來，實質上他們並不真的相信。比如說盧梭，他根本不相信他所描繪的人類的歷史是客觀發生的事實。他說這個不重要，假設人類有一個自然狀態的時期。在人類的初期、早期，有一個自然狀態。那個自然狀態下的人都是自由的，他描述那個狀態下的人的行為：丈夫帶著武器，在前面開路，妻子抱著小孩在後面跟著。這是一個一個家庭，這就是人類的狀態。他寫的這個東西並不是有歷史根據的，而是一種想像，是為了說明理論問題。休謨也想把自然科學的方法運用於描寫自然人性，但是他對人性的本質、心的本質、自然社會的本質，採取的是不可知的態度。他認為事物的本質是不可被認識的。盧梭也好，休謨也好，他們對人類歷史本身究竟如何，有沒有

規律性，沒有理論興趣。真正像自然科學那樣，把歷史當作客觀、有規律可循來把握的是德國的一批古典哲學家。他們做出了一些嘗試，我們知道他們的創始人是康德，但是他們還沒有真正把歷史當作是客觀規律。康德對人類歷史的合目的性進行了一種猜測，他猜想人類歷史是有目的性的。但是在他心中，這種歷史的目的論並不是對自然和歷史事物本身的一種認識，而只是我們人類的一種解釋。人類歷史發展到今天，留下了那麼多史料。或許裡面沒有什麼目的，但是我們可以看出一些目的，那是因為我們人類有道德目的。把道德當作目的，我們才能把整個自然界和社會生活看成是有目的的。換句話說，在康德看來，我們人類是戴著道德的有色眼鏡來看待整個世界的。戴著有色眼鏡來看，那社會、歷史好像就是趨向於道德的。但這不是真的，康德稱之為反思性的判斷力。他在第三批判裡面提出反思性的判斷力，就是說不是真的，而是反思到你自己。你戴上有色眼鏡來觀看整個世界，你看到的結果實際上是你的反思，而不是客觀事實本身的本質。所以康德認為，如果我們不戴這個有色眼鏡，真正科學、客觀地來看人類社會，那人類歷史就完全是一片自然界的混亂，一片弱肉強食，沒有所謂歷史的進步，人類的本能支配著整個社會。如果從自然眼光來看就是這樣，因為人有道德，所以人往往帶著道德的眼光，把自然界和人類社會看成是有目的的歷史過程。這是康德的看法，康德有一個學生叫作赫爾德，他的觀點和康德不一樣。他有一本著名的書——《人類歷史哲學的觀念》。在書中，他把人類的發展當作一種客觀的自然規律來研究，那就不僅僅是一種反思的判斷力，或者是一種道德的眼光，以有色眼鏡對自然界的扭曲，而是真正的自然界的客觀規律。和牛頓的物理學一樣，人類歷史也是有它的規律的。

如何真正把人類歷史變成科學，那是後人做的事情。像費裡德里希·謝林，特別是黑格爾。黑格爾把人類歷史放在大歷史的兩個階段去考慮，就把自然和人類的關係理順了。這是黑格爾做的工作。在黑格爾看來，如果把自然界孤立起來看，它是沒有歷史的，甚至說自然界沒有時間，時間是從人類歷史開始的。自然界只有空間，自然界的時間只是一種循環。太陽底下沒有新東西，但是它為人類的歷史做了準備。人類是從自然界發展出來的。當自然界發展出人類的時候，人類社會就呈現出世界歷史，呈現出時間，呈現出階段性，呈現出進步。人類歷史是有發展的，自然界沒有，自然界自始至終都是如此。黑格爾所處的時代還沒有進化論，還不知道自然界是進化的。黑格爾認為人類社會在不斷發展進步，在這種進步裡面，自然界發揮著某種作用。在人類歷史中，它體現為惡。但是這個惡和自然界中的自然規律是不太一樣的。它是受支配的，受理性的支配。所以人類自然的欲望後面有一種理性的較力，理性在後面搗鬼。人在滿足自己的欲望、追求自己的野心的時候，它不自覺地就充當了社會歷史的工具。像拿破崙追求自己的野心，但是他充當了歷史的槓桿。所以黑格爾提出了一個著名的原理，就是人類的野心和欲望是世界歷史發展的槓桿，是世界歷史發展的動力。沒有激情、沒有野心，人類歷史怎麼發展？但是野心和欲望屬於人類自然的方面，它不是主導層面，它是被當作工具的。主導層面是被稱為精神的東西，所以黑格爾的歷史實際上是精神史。上帝是絕對精神的認識過程，絕對精神的自我認識就是絕對精神本身。上帝的精神就是上帝本身，上帝就是一種知識，一種認識。當然這帶有基督教神學史觀的意味。但黑格爾的神是理性神，跟基督教還不太一樣，他認為理性就是神，所以他的歷史觀就具有了客觀規

律和科學的外表。整個歷史都是由理性在操縱著，而理性是有規律的，是合乎科學的，因此歷史在他這裡成了一門科學。

　　黑格爾把歷史劃分為三個階段。第一階段以東方為標誌。他認為歷史就是自由意識的發展，自由意識的發展最開始是在東方，在東方的專制主義裡只有一個人是自由的。第二階段以古希臘羅馬為標誌。當時只有一部分人是自由的，那就是自由民，這是奴隸制下的自由。第三階段以日耳曼世界為標誌，人們已經開始知道一切人都是自由的。黑格爾所處的時代，人們已經知道一切人是自由的。這是自由發展的終極目標。歷史發展有這三個階段，在黑格爾那裡固然體現出他的歷史主義的觀點，他有很強大的歷史感，但他也有自己很大的缺陷。他的這三階段的發展，沒有為今後的發展留下餘地。到黑格爾這裡，一切都是現成的，不再發展了，歷史已經凍結了。在日耳曼世界，特別是在德意志精神那裡已經凍結了。這種觀點最近又被人提出來，日本籍的美國人富山就提出「歷史終結錄」。黑格爾的後繼者，紛紛打破這種歷史觀。首先就是馬克思，馬克思對未來重新加以展望，可以說對未來的重視是馬克思最根本的一個方向。在他看來，以往的哲學家只是致力於解釋已有的世界，而問題在於改變世界。這是馬克思的一句名言，也是他的墓碑上面刻的一句話。既然問題在於改變世界，就要有一個未來的尺度。馬克思對已有的世界的解釋與以往的哲學家們有根本的不同。如果沒有未來，那以往的世界則是就事論事，它的意義從今天加以評定。但是如果你以未來作為標準去評定，那整個歷史就要重新加以評價了。這個不同體現在三個方面。

　　第一個不同：馬克思的歷史觀是反思性的，這個反思性和康德、黑格爾都有連繫。所謂反思性，不是從一個起點開始順著次序來解釋

後來的事件，是要有後來所發展的階段來反過來解釋前面的階段。前面的階段不否認它發生在前面，但是前面發生的事情的意義何在，要有後面的事情來解釋，這就叫反思性。前面的事情發生了，它的意義還沒有顯示出來。我們今天講事情過去了，才能顯示出它的意義。有個事情發生了，有的人就說現在還搞不清楚。過二十年以後，甚至過一百年以後，我們再來確定它的意義，這才比較客觀。如果一個歷史學家能在當時就講清楚事件的意義，那就非常了不起，但也很可能是錯的。所以要反思，用未來的階段來反思前面的階段。所以馬克思有一句名言：人體解剖是猴體解剖的一把鑰匙。從人體來看，猴體的某些身體部位，由於什麼原因，它沒有發展。這個時候你就把猴體發展的目的性把握住了。這種觀點當然和通常的觀點是不同的，通常的醫生、動物學家在猴子身上做實驗，然後再運用於人體。他們把猴體解剖看成人體解剖的一把鑰匙。我們不能直接解剖人體，只能解剖猴體。但是馬克思提出了相反的見解，按照辯證法的理解，歷史前面發生的事物的本質總是在後面的事物身上顯示出來，而歷史未來的重點永遠向未來延伸。所以，雖然人類是從自然界產生出來的，但是自然界的意義何在，卻要由人來賦予，要由人對自然界加以解釋。人按照自己的需要、自己的發展、自己的理想來對自然界加以解釋，這就是一個重要的不同點，他的歷史觀是反思性的。歷史學家通常是順著看歷史，認為那是天經地義的，但是歷史哲學家就應該反過來看歷史。

第二個不同：馬克思的歷史觀是人本主義的。它不是神本主義的，神本主義的是基督教的，包括黑格爾的歷史觀都是以神為本。而馬克思的歷史觀是以人為本，這是他和黑格爾的主要區別。馬克思認為，人是全部人類活動和人類關係的本質基礎。歷史什麼也沒幹，歷

史不過是追求著自己目的的人的活動而已。這體現出他徹底的人本主義。

第三個不同：馬克思賦予了歷史一個普遍的意義，乃至一個普遍方法論的意義。馬克思、恩科斯曾經講，我們只知道唯一的一個科學，就是歷史哲學。歷史可以從兩個方面來考察，可以把它劃分為自然史和人類史。自然史和人類史都是一門唯一的科學，就是歷史哲學，所以歷史哲學就具有普遍的意義。歷史哲學不僅是人類社會歷史，而且包括自然史，所以歷史就不再是區分不同學科的限定詞，而是一切科學的普遍概念。包括物理學、化學、生物學等，這些都是歷史哲學。對於這種觀點，我們今天也很難理解。在馬克思那裡，歷史哲學打通了自然科學和人文科學。馬克思說，自然科學往後將包括關於人的科學，正像人的科學包括自然科學一樣，這將是一門科學。那麼這門科學就叫歷史哲學，也叫歷史唯物主義。我們通常理解的歷史唯物主義，理解得非常狹隘，只是生產力決定生產關係，社會形態決定社會意識。那只是兩千多年以來，有文字記載的歷史。但是按照馬克思本來的觀點，包括自然科學和人類科學、人類的歷史都是歷史唯物主義。這不僅僅是一種認識方法，而是在實踐中能動的推動事件的方法。不光是認識世界、解釋世界，而且是改造世界。認識論和本體論、存在論合一，這是馬克思的歷史科學。

到了現當代哲學，歷史的統一性重新產生了分裂。現當代的西方哲學分為兩大流派。一個是英美一派的歷史學家，像英國哲學家沃爾夫，在《歷史哲學導論》中，將歷史分成兩種。一種是分析的歷史，把歷史歸結為認識，歷史就是對歷史的認識，而對歷史的認識歸結為歷史的工具，也就是概念和語言。歷史就是對概念和語言的批判、分

析。我們知道西方哲學是語言分析哲學，它把語言搞得很精密，把歷史語言也搞得很精密。所以所謂歷史學，就是對語言的批判或者分析。另外一種是思辨的歷史。思辨就是從概念到概念。莫爾斯也是，他把歷史學的人文含義寄託在每個不同的人的體驗之上，提出一種視角主義。視角主義就是，對思辨的歷史學家來說，歷史是思辨的事情。思辨和嚴格的語言分析是不同的，思辨是天馬行空的，是不講究語言的嚴密性的，是經不起推敲的，它裡面有更多的自己的情感和藝術創作，也就是包括它自己的視角。你是一個什麼樣的人，歷史在你眼中就成了什麼樣子。這樣得出的歷史圖景是從個人的視角來看的，所以不同的人得出的歷史結論是不同的，可能會相反。視角主義就是不同的視角有不同的歷史觀。在視角主義下歷史哲學就成了一種趣味，就成了一種相對主義的歷史觀。「歷史是一個可以任人打扮的女孩子」，這是胡適的話，是胡適從杜威那裡得來的。杜威和美國的實用主義哲學家們都比較傾向於這一方面。從歷史本身來看，隨便怎麼說都可以。但如果講歷史科學的話，那就只有一種科學，就是語言分析。說話要經得起推敲，概念要經得起分析，邏輯要嚴密。另外一個流派就是現代歷史哲學，體現在克爾凱郭爾的哲學思想裡面。他發揮了黑格爾和馬克思的反思性歷史觀，認為只是憑藉語言的推敲得出歷史事實的實證主義的驗證是不夠的。他認為不但歷史中後面的階段反映了前面的本質（這是馬克思已經提到過的），還說歷史學家的合理方法是任何歷史的解釋都是由解釋者的先見、前見去解讀以往的歷史文本。對以往歷史文本的解讀必須有自己的觀點，要帶著觀點去解讀歷史文本，完全客觀的、原原本本去解讀歷史文本是不存在的。即便是力求做到客觀，但往往也做不到，因為會受到前見的限制。解釋學

就是要主動、自覺地去解釋歷史文本，這種前見被稱為期待視野。就是說我期待歷史學給我什麼樣的解釋，我就會在歷史中做出什麼樣的解釋。我的視野使我在一定範圍之內產生對歷史的期待，也就是帶著先入之見去解釋。我們通常講你想在歷史中看到什麼，你就會在歷史中看到什麼，當然這是貶義的說法。所以整個歷史就是一系列的期待視野不斷交相融合的過程，這個裡面有客觀性。你今天的主觀性和古人的主觀性嵌合起來，這裡面不只是你自己在憑空想像，而是在前人的見解之上的，所以說具有一定的客觀性。你要有自己的立場，但今天的人要和古代的人展開對話；你要對古人當時的處境加以研究，以便開始對話，達到某種視野的融合。由此形成線索，那就有了一定的方向。你要用今天的視野去體會古人的視野，像海德格爾講的，我們今天的人應該比古代的人更好地理解歷史文本，比古人更好地理解他自己。古人當時不自覺，我們今天的人可以幫他自覺，幫他解釋，按照他的理解來提升他。這個方向性就是我們的視野，我們的視野就是古人的方向性。我們今天的視野也有一個最終的方向性，那就是人性的自由伸張。人性越來越自由，但是克爾凱郭爾在這裡發揮得不多，所以後來哈貝馬斯和克爾凱郭爾有一場爭論。哈貝馬斯批評克爾凱郭爾過分注重歷史中的傳統。現在的人關注古代傳統固然是一方面，但忽視了歷史和未來的關聯，忽視了人在未來的創造導致傳統基因的革命突變。我們今天的創造當然和古人分不開，但是也有一種餘地，我們可以自由創造。當然這是解釋學走不出的循環，也就是解釋學循環，就是個體的自由創造和整體的創造之間到底哪個解釋哪個。我們可以說傳統是由個體構成的，也可以說每個個體是由傳統構成的。到底哪個構成哪個？看你強調哪個。這裡有個解釋學的循環，在這個循

環裡面產生了歷史主義的兩種傾向：一種是歷史相對主義，另一種是歷史絕對主義。從個人的自由創造出發，就很可能走到歷史相對主義；從傳統出發，就可能走到歷史絕對主義。我們今天講的歷史主義裡面本來就包含著兩種意思。歷史相對論就是指每一個歷史事件都是相對的，應該根據當時的歷史情況來解釋，不能用今天的眼光解釋過去的歷史，也不能用古人的眼光解釋今天。另外一種是歷史絕對主義，也可以說是歷史絕對論，認為人是被歷史決定了的。這就是同一個歷史主義包含兩個相反的含義。今天我們談歷史主義，很多人沒有注意這個矛盾。歷史主義是一個矛盾的概念。

　　以上我們回憶了西方的歷史主義，接下來我們來看看中國的。

　　中國古代的史學觀和西方的歷史觀相比有完全不同的意義。中國人講「歷」和「史」，很少講「歷史」。古人很少講「歷史」，通常用「史」講「史學」。例如，「經、史、子、集」。許慎在《說文解字》中說：「史，記事者也。從又持中。中，正也。」意思是事情發生了，你要把它記下來。「持中」是說記事要公允，以公正的態度來記錄。中國古代的史官是由史前社會的「巫」演變而來的，古時候，每個部落都有巫。巫的職能是掌管祭祀。在國家產生之後，這些人負責記錄事件、起草政治文件以及保管政治文件。像老子就是史官，負責保管政治文件，我們今天稱之為圖書館館長。當然這個圖書館在那時就是政治文件的保管處，比如說最早保存下來的這些文件的彙編就是《尚書》。在春秋時期，很多諸侯國，像晉、秦、楚、魯都有自己的史書，後來孔子參考各國的史書編成了一部《春秋》。由於他加入了表達自己愛恨的內容，後人將這種手法叫作春秋筆法。這種手法用比較隱晦的文字表達作者自己的態度。所以《春秋》是借事明義，借春

秋這段時間的歷史記載來說明大義。因此人們說「孔子做《春秋》，亂臣賊子懼」。孔子寫《春秋》就有一個評判標準，對亂臣賊子來說要小心了，這就達到了黑格爾所說的反省的歷史。不光是記載歷史，而且是有態度地記載下來。這是一種反省的歷史，但是從此以後就停在那裡了。黑格爾後來還有具體的歷史、哲學的歷史，但是中國的歷史往後就沒有發展了。中國最早的歷史和西方的history不一樣的地方是不像古希臘人一樣去打聽、調查、詢問來得出歷史，也不像德國的歷史是「發生的事件」，中國的歷史是用文字記錄。古希臘的歷史之所以要打聽、調查，是為了求得知識。而中國的歷史不在求知，中國的歷史在於政治性。這種政治性的記錄包含道德的褒貶、達到社會和諧的政治目的，後來還上升為統治者的意識形態。比如在漢朝，史書就體現了統治者的意識形態。早期史官對「修史」是比較模糊的，司馬遷在《太史公自序》裡面說出了其中的道理。「夫《春秋》，上明三王之道，下辨人事之紀，別嫌疑，明是非，定猶豫，善善惡惡，賢賢賤不肖，存亡國，繼絕世，補弊起廢，王道之大者也。」這就把《春秋》的政治含義凸顯出來了。它是懲惡揚善，表揚賢人，批判不肖者。《史記》是非常重要的，是政治上的一個標準——「上明三王之道，下辨人事之紀」，等等。中國的史學之道今天還在貫徹著這一套史學思想。但中國傳統史學除了上述的政治目的以外，還有重要的一個方面，即作為政治組織的技術手段來看待。中國的文字起初是用於預測未來、占卜的。甲骨文就是用來占卜的，記錄下來此次的占卜情況是為了下次的占卜。它主要用於預測王公大臣的政治目的，頒布法令等一些重大事情之前都要占卜。唐太宗曾經道出了其中的道理：「以銅為鑒，可以正衣冠；以人為鑒，可以明得失；以史為鑒，可以

知興替。」帝王知道了興衰的道理就有助於他的政治指導。這就是《資治通鑑》的故事，為政治上的統治提供一個通鑑，也就是提供一個鏡子。看看今天就知道是不是在走歷史的老路，但是人們往往很難吸取教訓，所以也就有了改朝換代。古人也的確從歷史中總結了歷史規律，「水可載舟，亦可覆舟」，「天下大事，分久必合，合久必分」，「否極泰來」，等等，這些都是技術性的指導。像《易經》本來就是占卜書，用於政治操作方面。老子作為史官，他的學問也包含著玄機、奧秘。由這種歷史觀發展出了法家的思想，法家講權謀、講算計，所以後來被秦始皇採用。因此，中國史學一方面在道德上有它的要求，另一方面在政治方面的操作性極強，但這種操作性大大地削弱了他的認知功能和客觀描述功能。這讓史家有秉筆直書的美談，史學家冒死筆錄的例子很多，他會記錄弒君的行為。這是一種記錄歷史客觀性的表現，是認知功能。但其實也不是，它還是政治上的可操作性，所以很容易淪為政治上的附庸和工具。儘管有秉筆直書的史官，但最後還是淪為政治工具，變成對真相的掩蓋和粉飾。所以中國傳統史學的道德目標和政治操作的實用技術兩者之間本來是相輔相成，但是後來越來越走向用手段代替目的。在《春秋》裡面，我們可以看到，每一年都有記載。幾千年之前的事情，每一年都有記載，這是獨一無二的，但是這些歷史到底有幾分可信度，應該打上一個大大的問號。

美國哲學家菲爾德在他的歷史書中曾經說道：歷史學是為了人類的自我意識，自我認識。因而歷史學的價值就在於它告訴我們人已經做過什麼，因此就告訴我們人是什麼。歷史學跟人類學是緊密相連的，也可以說歷史學是人類自我表現的一種方式，或者說歷史是人類

意識的發展方式、進展方式。凡是人都有自我意識，凡是自我意識都是歷史性的。因此凡是人也都是歷史性的。沒有非人的歷史，也沒有非歷史的人，要理解這一點，我們必須從人類的起源開始。馬克思主義通常認為人和猿的區別在於是否能製造和使用工具，人是能夠製造和使用工具的動物。但是英國的動物學家詹妮古德在二十世紀六〇年代，通過對黑猩猩生活的考察，發現了黑猩猩也能夠製造和使用工具，這就打破了馬克思對人的常規定義了。上次我在這裡做過一次「什麼是自由的講座」，裡面就提到了人和猿的區別不僅僅在於人能製造和使用工具，而且還在於人能夠攜帶和傳承工具。黑猩猩能夠製造工具，但是它不會保存工具。它會用樹枝作釣竿，伸到白蟻洞裡，釣白蟻吃，吃完就扔了。用來砸堅果的石頭也是，用完就扔掉。它不會帶在身上，更不會將工具當作自己身體的一部分。我們說工具是人的手的延長，工具是人的一部分，是延長了的手。對於人來說，工具就是人的一部分，甚至死了以後還要用工具來陪葬。黑猩猩不會這麼做，不會將工具傳承下去。而人類的工具是代代相傳的，工具得到保存和繼承，這是人類所特有的。如果我們劃分人猿之別，就必須將這一點考慮進去。只有保存工具，才是把它當作一個普遍的理解，反復不斷地使用，這種行為使人類的觀念產生了一個飛躍。工具產生了符號，符號就是普遍的固定的表現，與它相關的物件可以變來變去，但符號以不變應萬變。這樣的心理機制一旦建立起來，人就有可能製造出另外一種符號。這就是語言。語言也是一種符號。保存工具、形成語言應該是同樣一個層次的心理。這是人類和黑猩猩最大的兩個區別。黑猩猩和其他的動物也有語言，那種語言不是符號，而只是信號。比如說獅子來了，黑猩猩就用叫聲來提醒大家。但這種叫聲還不

能說是語言，真正的語言是以命題語言開始的。命題語言不是一種警告，也不是一種情緒的發洩，而是一個命題或者說是對一個東西的命名，用一種發聲來代表某個東西，並且對它加以陳述。不是說獅子來了，叫一聲就開始跑。而是將這個動物稱作獅子，之後對獅子的特徵的表述「很可怕，有皮毛」等都是命題語言。命題語言是一種客觀的陳述，不是說獅子來了，我們快點跑，而是一種陳述，這才是真正的語言。獅子沒有來的時候，還可以談論獅子，可以互相交流我們對獅子的看法。人類可以交談，交談的內容可以是過去的。這就有了歷史傳說，一個族群就有了自己的神話傳說。而這些傳說是屬於這個族類的，於是就有了「類」的意識。

工具是人和大自然交流的媒介，語言是人和人交流的媒介。這兩種媒介都是符號，從這種符號中我們形成了概念，也就是一種超越的意識。語言作為人與人交流的手段，使人意識到別人也是人，大家是同類。今天雖然有不同的語言、語種，但借助翻譯，通過學習，我們還是可以溝通的。所以我們把他們視為同類，有了語言，我們就可以認同我們是同類。我們就會在他人身上反觀到我們自己，我們可以理解彼此，可以通過交流溝通去理解。於是人在社會中就產生了反思，反思就是超出自己，在別人身上看出自己。超越自我和物件在肉體上的區別，而看到我們身上的類的共同性，這就是自我意識，就是用他人的眼光來看待自己、理解自己。可見自我意識是在歷史中形成起來、鞏固起來的，它借助於語言，在與他人交往的過程中建立自身。而所採用的歷史的語言，它本身就是歷史的產物，是由前人傳承下來的，並且積澱、豐富了以往的前人的經驗。在自我意識的培養和成長過程中，記憶起了關鍵作用。動物也有記憶，不同之處是動物的記憶

只是一個資料庫。這個資料庫沒有系統，人的記憶由於被置於人的自我意識的統治之下，它就構成組建自我形象的材料，人的所有記憶都是組建自我形象的材料。如果要你自己回答自己是什麼樣的人，首先你要回憶自己的過往，這些記憶就組成了自我形象。人的記憶可以讓人知道自己在自己眼裡是一個什麼樣的人，在別人眼裡是個什麼人。可以把自己當成一個整體的物件，加以觀察和思考。人的記憶不管是否意識到它是系統的，每個人的記憶在大腦裡會形成自我的感覺。所以人可以把自己當作一個整體的物件來把握，也就是把自己的本質物件化。但這個物件化是一個歷史過程，不是一次性的，是一個不斷地無限深入的過程，在互相交流中對自己的理解越來越深入。早期的希臘歷史學家並沒有意識到這一點，他們所得到的歷史知識是散亂的。他們看待歷史知識就如同看待動物學、植物學和地理學的知識一樣，這些知識在他們眼裡同樣是歷史知識，所以歷史學這個概念在希臘人那裡被等同於「淵博的」。我們今天說某個人知識淵博，也會提到他家裡的書很多。希臘人對這種博學的歷史體現出一種求知的興趣，是一種好奇心。到了基督教，上帝是西方人自我的一面鏡子，當然是一面異化了的鏡子，卻使西方人的自我在抽象精神的層面上具有了一種完整的形象。「我」的本質是什麼樣子，在上帝那裡將會看到。上帝將會對我做出裁判，人在現實生活中必須限制自我、克制自我，才能在來世把自我收回，也就是得救、贖罪。所以基督教的人格看起來極其謙卑。其實他們骨子裡極為高傲，這種矛盾的人只有把它放在歷史中才能理解，也就是說基督教的人格歷史化了。他們不在乎一時一地的得失，不以成敗論英雄，他們的眼光盯著最後的審判，所以他們的生活是有意義的，是一個有目的、有信念的過程。但是這種信仰和這

種人格完整性是很抽象的。這種將信仰寄託在上帝身上的組建，必然要求充實以現實的任命，太抽象，太壓抑了。所以近代以來，西方從上帝的陰影裡走出來，把在上帝那裡寄託的東西都加以充實。基督徒以上帝的名義開啟了自我實現的過程，這開始是很嚴酷的，但後來一步一步越來越具體。人越來越意識到上帝的主題就是自己的主題，精神和肉體，物質和自然。到了近代，人們心中的上帝已經死了，上帝死了，只剩下一個空名。但是上帝之死並不是說消失得一點痕跡都沒有，所以我們看到今天西方人對基督教的信仰名存實亡，但並沒有看到留在西方人自我意識中的那種基因結構是沒辦法磨滅的。這種基因結構有一個主要的原則就是人是要有終極關懷的，人的本質因此也就體現為合乎目的性的歷史過程，一個不斷進步的過程，一個不斷啟蒙不斷從必然王國走向自由王國的過程。因此，即使現實的歷史沒有終點，我們也必須為它設定一個理想的目標。這個終點不是某個聖人決定的，而是現實中的人必然要求的，那就是一切人的全面自由發展。這跟大同理想是完全不同的。康德已經講過，每個人的自由意志都是立法的意志，康德已經提出目的國的理想。馬克思講每個人的自由是一切人的自由的發展的條件，講自由人的聯合體，講共產主義，這都是預設的理想終點。只有這樣一種預設才使得人在現實生活中具有目的，使人的生活有了意義，使人成為人。

那究竟什麼是歷史呢？有兩個層次的含義。一個剛才我講了，是通俗的意義。就是一切過去的東西，現在已不存在。一個是記載這些歷史的文獻。通過這種通俗的眼光並不能把握事物的內在本質。從一個更高的層次來看，就是本質上看過去的事情之所以可以說是歷史，是因為它與現在和未來有著不可分割的連繫。本質上的歷史必須要從

整體上看，而且是今天和未來將要怎麼樣。要連繫起來看，把握歷史就必須考察今天和未來的發展。所以海德格爾就講過真正的時間應該是先行到未來，用未來來規定現在、過去，把過去和未來當成一個時間的整體來研究。馬克思說人體解剖是猴體解剖的一把鑰匙，也是一樣的眼光，是倒過來反思歷史。由此所建立的目的絕不僅限於人類所建的歷史，而且會擴展到自然史，從未來看過去就會延伸到過去整個自然史。假如說人體解剖是猴體解剖的一把鑰匙，那麼我們可以以此類推人的發展，乃至於人的精神生活、自由意志也是我們理解生活奧秘的一把鑰匙。整個自然界包括無機自然，因為人的精神生活並不是由神把它塞到物質中去的，而是物質世界從自己的本質中發展出來的。一切物質都有潛在的思維的可能性，但是在人的身上才能體現完整的自然，所以人是自然界的一切潛在的性質的全面實現。用馬克思的話說，就是自然界在人的身上達到了它的自我意識。我們有自我意識，但是我們要在自己身上看到自然界所達到的它的自我意識。所以恩格斯認為，動物也有一部歷史，但動物的歷史是人替他們創造的。動物是人類歷史發展的早期階段，所以人類的歷史也就是自然界本身的歷史。正是出現了人，才揭示了自然界最隱秘的本質。這個本質就是自然界生成為人、發展為人的歷史的本質，人類的歷史被視為自然史的一個部分。在這個時候，人和自然就達到了統一，那就是馬克思所講的共產主義了。共產主義就是自然和人的完全統一。這就是在未來的視野中呈現在眼前的馬克思的理想，對馬克思來講是歷史之謎的解答。馬克思所講的共產主義是自然和人的統一，以及消滅私有制。為什麼消滅私有制，因為是私有制使人和人隔絕，消滅了私有制可以使自然和人恢復統一。這種歷史主義揭示了歷史的本質就在於從自然

生成到人。在這個過程中，凡是使自然倒退的都是反歷史的，都是逆歷史潮流而動的，而凡是促使自然走向人的都是合乎歷史的。把人從動物的層面提升起來，向更加人性化的生活方式邁進。從這個意義來看，我們對歷史意義的反思絕不是毫無意義的。歷史在現實的效果層面上當然是不可重複的，也不可假設。雖然歷史有相似之處，但是條件、環境、背景已經不同了，所以不可假設。但是從本質的層面來說，我們有必要在面向未來的理想這一方面，對歷史進行假設。在哲學的反思上可以假設。連「事後諸葛亮」式的反思都不會的人，永遠是精神的動物。他只看到這種反思無補於事，也不願意去總結歷史經驗。所以「事後諸葛亮」的反思絕對有必要，因為這是對未來歷史的展望，也是未來歷史發展的前提。沒有反思歷史的民族是一個沒有未來的民族，而歷史的反思必須要借助於未來。所以我的結論為：歷史就是世世代代的人類以未來為目的的自由創造的過程。

2012年於華中科技大學演講

陳俞蓉根據錄音整理

中國與世界

世界科學文化中心的洲際大轉移（上）

李工真　武漢大學歷史系教授

　　很高興再次來到華科大，我記得去年在這裡進行過兩場講座。那麼，今天我們講一講人口的問題，這個問題也很重要。我之所以會選擇這樣一個題目來跟大家講，是因為我在我們國家很多有名的大學都講過，像北大、清華、北師大、廈門大學等等。就沒有在我們華中大講過，我覺得不應該，應該給大家講一講。另一個是我剛從德國回來，在德國待了有半年的時間，我有這麼多年沒去，這次一過去確實是感觸比較多。第一次是二十年前，我覺得德國什麼東西都好，可是這次過去感覺不一定。不一定什麼東西都是德國的好。當然了，關於現今德國的問題我們不去討論，我們主要是討論自己的問題。我現在馬上要出一本書，就叫《流亡》，是關於歐洲納粹難民研究的。我今天所講的，是書中很小但很關鍵的一個段落。

　　問題出現在納粹統治時期，我們將其界定在一九三三至一九四五這段時間。所有的討論都在這個時間段內進行。在納粹統治時期，從第三帝國的地盤，一共驅逐出一共五十萬名猶太人。這五十萬名猶太人是在短暫的幾年中從歐洲被趕出來的。面對滾滾而來的難民潮，作為一個傳統移民國家的美國吸收了其中的十三萬人。當然了，美國沒有全部接受，而且美國接受的這十三萬人是挑了又挑、選了又選的。值得注意的是，這十三萬人中包含了歐洲的科學文化精英，主要的精

英全部在這十三萬人裡面，這樣的一場文化難民潮也就轉變成了一場文化轉移。

　　關於文化轉移的研究，西方在二戰以後就開始了，最開始是由援助猶太人的科學家們開始的。他們最先著眼的是像愛因斯坦這樣的科學家。美國長期以來研究的是猶太人在美國的適應問題。這樣的學術傾向是有問題的，因為平時移民的是打工者，而這次是科學家、大學教授。前者是很容易被主流文化吸收的，這是不成問題的，所以它是完全適應的。而對於那些已經形成了自己的世界觀、來到美國的這些科學家們來說，就不僅僅是一個適應的問題和與美國文化一體化的問題。還涉及他們對美國文化的參與、認可和貢獻的問題。過去說美國是個大熔爐，來一個熔一個。但是在越南戰爭中，涉及了人權問題，使得美國的文化越來越多樣化。在這樣的一個多元化的社會裡，這些科學家們究竟對美國做了什麼貢獻，美國的學者很難掌握。因為他們缺乏歐洲知識背景，美國那個時候不懂歐洲。美國那時候是一個孤立的社會，是一個不願意管別人閒事的社會。如果這個時候對從歐洲來的這夥人的背景不了解，你就很難了解他們的思想。這就得借助從德國來的科學家們。德國的史學家們又有他們的問題。德國的史學界過去長期都是和納粹為伍的。他們已經不願意再談論這個事情，而是願意隱姓埋名地生活下去。一直到二十世紀六〇年代以後，學界有一個更新換代。有一批人小時候在德國，在年紀輕輕的時候就到了美國，並且接受過民主教育，所以當他們登上大學講臺的時候，就願意來研究這個問題，對德國納粹的反思就會比較深刻。反思的是流亡到美國的猶太人，所以這些人又回到德國來進行反思。他們回到德國後收集到資料，又回到美國進行研究，為什麼說要回到美國呢？因為美國把

納粹的檔案給拿走了。但是美國人又看不懂德文，所以這些研究就只能是這些德國後裔來做。但是當事人已經大部分去世了，只有少部分人在世。所以就抓緊時間記錄口述史，從而引起了一個新的學科的產生——「流亡社會學」。這時候，大量的資料就出來了。中國對於這方面的研究很少，所以我敢說這個話：在中國，就是我在幹這個事。

研究了以後，我發現真的是意義重大，我們從中可以懂得為什麼美國超級大國的地位可以延續到今天。德國納粹的一場驅逐猶太人運動，使得美國成為世界文化的中心，也就是我們今天要講的內容。

我們知道德國是世界上最早建立現代化大學的國家。一八一〇年九月九日，柏林大學誕生，意味著世界上第一所現代化大學的產生。今年剛好是它二百年的誕辰。我從德國回來的時候，他們也在準備慶祝這個二百年的壽辰。自從柏林大學建校以來，柏林大學的博士教育可以說取得了輝煌的進展。現代化的大學大都是從那仿照而來的。所以一八一〇至一九三三年這一二三年時間裡，柏林大學自從博士教育建立起來以後，在科學文化領域中是走在世界最前列的。到了十九世紀末二十世紀初，德國已經成為當之無愧的世界文化中心。諾貝爾獎頒發以來，在三十三年中德國就獲得過三十二個獎項，也就是說，平均每年就有一個諾貝爾獎項要頒發給德國人。這在當時，世界上是沒有任何一個國家可以和德國媲美的，甚至英國和法國加起來都不能和德國相比較。美國當年是個小把戲，完全不是今天這種氣勢。

德國的這種輝煌終於在希特勒時代畫上了句號。一九三三年四月七日，是人類科學發展史上最為黑暗的日子。被扶上總理寶座兩個月的希特勒，在上位的過程中，他利用了一個權力，這個權力是合法的，即三月二十三號德國議會修改魏瑪憲法。當然，在現場是駕著機

槍逼著改。當時德國的共產黨已經被抓光了，不允許社會民主黨進場，逼著在場的政黨人員必須投票通過。希特勒甚至宣告：如果今天不投票通過，就不允許散場，結果就在三月二十三日通過了《授權法》。《授權法》只是一個稱呼，而它的全稱非常好聽，叫《解除德意志民族痛苦法》。所謂的「解除痛苦」就是解除老百姓們一天到晚投票的痛苦。

人最怕選擇，所以投票很痛苦，人的痛苦就來自選擇。這也是有道理的，你們在座的每一個人都會有選擇的痛苦。當你沒有選擇的時候你是不會有什麼痛苦的。舉個例子：一位生命垂危的德國人，在他的前面有兩扇完全一樣的門，讓他選擇哪扇門通往生，哪扇門通往死。這很極端，沒有任何正常的人敢進行選擇。但是，此時有一個三四歲的小孩子在旁邊，可以問小孩子。如果他聽了孩子的話，說是那扇門。他還是會糾結，會痛苦。總而言之，旁邊有這麼個聲音，他的膽子就大。為什麼呢？因為他想我如果選擇了生門那就是好的，如果選擇了死門那也是因為聽了別人的話。也就是說，把自己放到一個受騙者的位置上，自己內心的壓力就會陡然減輕。一個人最害怕的事情就是選擇。這時候，德國的政局太混亂了，老百姓們隔三岔五就進行投票，所以希特勒就決定幫這些民眾進行選擇，他也就成了獨裁者。獨裁者就是不讓民眾進行選擇，他代替民眾進行選擇。他太相信自己了，因為他代表的是廣大的德國民眾，如果他要是選錯了的話，那就會很危險。所以戰爭打到最後，他成了一個病人，因為他的緊張度，你是無法理解的，因為他面臨選擇！戰場上的各種選擇只有他體會得到，其餘的將軍們是體會不到的。

《授權法》的核心為總理的決定就是法律。就由他來做法律。所

以這個法律一頒布，他就開始了獨裁。第一步是掃除政治對手，下一步是獨裁。出現這樣的局面有兩個主要原因：一條是種族原因，另一條是政治原因。這個法就叫《重設公職人員法》，叫這個名稱是因為在魏瑪時代，公職人員基本上都是猶太人。在希特勒上臺以後，他就要改朝換代，凡是與納粹的原則不相容的人，都要被趕出公職人員隊伍。該法主要針對四類人：第一，凡是共產黨或者對共產黨有輔助性質的公職人員；第二，凡是在未來有可能從事馬克思主義的公職人員；第三，在歷史中沒有辦法維護新國家的公職人員；第四，凡是非雅利安血統者。這四類人都要清除出國家的公職人員隊伍。在這之外還有三種例外群體：第一，一九一八年以前參加過一戰的前線人員；第二，一九一四年四月八日以前就是公職人員的；第三，一戰的軍烈屬。這三種人不會被清理。之所以有這三條例外條款，是因為在這些條款出臺之前猶太人聽到了風聲，有激烈的抗議。所以就勸說老總統，老總統還對希特勒有一定的限制，老總統也認為不應該這麼決斷。希特勒當時也還需要迎合老總統的意見，同時他認為在一戰中猶太人都是逃避戰務的人，所以猶太人中還是有大部分人不會被保護。然而，在這個條例頒布之後，很多猶太人仍然留在了崗位上，沒受到影響。

為什麼會涉及科學家呢？因為大學教授是部屬公職人員，他們進行自我管理、自我教育。這樣的針對公務員的戰爭也即演變成了文化病變，這裡就涉及猶太裔的知識分子們。那麼到底以什麼標準來判斷猶太人呢？到底是生理特徵還是其他呢？如果是以生理標誌呢？這就容易造成冤案。但是德國人比較較真，就找了一個比較簡便和科學的辦法，就是以家裡的老人的血統來判定。因為猶太人是在一八一〇年

的時候進入的德國，那時候有戶口登記。

在一八一〇年以前，猶太人是在隔離區生活的。所以到底是日耳曼人還是猶太人是可以追溯的。德國的猶太人命名是以家裡的財產多少來進行命名的。所以愛因斯坦聽起來就像是「a stone」即「一塊石頭」。如果家裡人有三個猶太人，一個日耳曼人，就看信仰。是基督徒還是猶太教徒，各有各的演算法。各種組合都會有相應的演算法，德國人對於血統的計算也有精確的演算法，這就是德國人較真的地方。所以最後被抓進集中營的人都是純粹的猶太人，沒有誤算。德國納粹用這種簡單粗暴的辦法，以不會產生冤案的辦法製造了世界上最大的冤案！

德國的大學在這種威逼之下進行了全面的投票。在四月二十二日這天，寫了一篇《德意志大學向希特勒以及納粹主義國家的表白詩》，它成了德國歷史上最令教育界蒙羞的作品。「陽光再次照進德意志，我們宣布和沒有土地沒有思想的舊世界分離。我們認為，維護我們科學民族的意志，這一定會被載入史冊。這樣一場納粹主義的革命，不僅意味著一個政黨成長起來的過程，還會帶來德意志翻天覆地的革新。」這個詩夠厲害、夠肉麻！從中可以看出其中的導向，高校裡上演著一幕又一幕的文化悲劇。

最讓人驚心動魄的一幕發生在一九三三年五月十日晚上，在柏林大學前的國家歌劇院廣場上，教育部部長戈培爾親自到場發表了重要的演講。在演講中，他宣稱對德國一百多年的歷史實施火刑。柏林大學的學生們在大火前將一捆一捆的書籍投向了火中。這就是著名的焚書運動。戈培爾聲稱要焚毀所有非日耳曼思想及非雅利安精神，所有的非雅利安的書籍必須都要焚毀。這些著作有的是個人的，如馬克

思、卡夫卡、愛因斯坦、湯瑪斯曼、布雷希特等等。當天晚上扔一本書就喊一個人的名字。之後的一段時間內，公布了一個涉及三千多人的禁書書單，大學的各大圖書閱覽室將這些人的書籍清除出去。這是對人類智慧的公開宣戰。在這熊熊火光之中，也讓人想起德國的大詩人海涅所說的：「哪裡有人在燒書，哪裡最後就會燒人！」焚書和坑儒永遠是連繫在一起的，因為光燒書是沒用的，書燒掉了之後人還是會繼續寫的。這種思潮就漸漸地蔓延到生活、文化等各個領域。一九三三年九月二十二日，戈培爾成立了文化委員會，他自命為主席，然後設立各個分管部門的主席。十月四日，成立了總編房。這兩個東西一出臺，就涉及戲劇、造型、藝術、音樂、出版、報紙、新聞、廣播電影各個領域。所有領域中，所謂的非雅利安文化全部被燒毀了。

到了一九三四年八月二日，老總統辛登寶去世。希特勒先後廢除總統的職位，他自己便處於最高統治者的地位，自詡為元首兼總理。他在清除猶太人的路上便走得更快，加快了速度。一九三五年九月十五日，通過了《紐倫堡法》，這個法就是維護民族的血統的法律，即剝奪猶太人的政治權利。其中規定禁止猶太人和雅利安人通婚，如果有通婚，那就是犯罪。如有冒犯，還會被抓去遊街的。現在都還能看見當時的照片。所以希特勒幹的每一件事情都是「合法」的。為了貫徹這個法律，他在一九三五年十一月四日宣布廢除三項例外條款。這樣一來，科學界、文化界、政治界所有的猶太人都受到影響，這是對猶太人的最後終結。

最開始的時候，對這樣一場文化清洗運動，一般人都裝聾作啞，不管不問。德國一九一四年諾貝爾獎獲得者麥克斯‧馮‧勞厄，當時

是德國科學協會的副主席，看到這樣的場景後，走進希特勒的辦公室對其進行質問。雖然這個事情沒有給後來的局勢帶來太大的改變，但也算是一個文人的自覺和操守。在質問的時候，希特勒非常平靜地回答他：「即使是為了科學，本政府的民族政策也不可能撤銷！如果說驅逐這些科學家，會讓我們國家在科技中沉淪於黑暗，那就讓我們在接下來的日子裡繼續我們的民族政策！」對希特勒來說，有沒有科學是無所謂的。但是對於科學家們，希特勒還是有保留的。他對於武器製造方面的科學家比較有好感，因為其中一個武器研究者研發的毒氣彈，當場就讓英法聯軍死了上千人。龐克的說法是：「當大風來臨的時候你只能避風，不能夠抬頭迎風，因為你只要迎風就會斷頭。」對愛因斯坦來說，他是不能夠理解這樣的科學家的，大難臨頭為什麼不能辭職，還是要為虎作倀，為了一己私利。

希特勒這樣對待科學，其實到了最後，反抗也沒有用，事實就是這樣。那我們來看看這樣一場文化清洗究竟對德國造成了什麼樣的損失。這是我們要重點研究的一個問題。清洗運動總共有三次大的高潮，第一次是在法令頒布之後，高校裡一共清除出一一四五名高等科學研究者，其中有三三三名正教授，一〇九名額外教授，二六四名非公職的額外教授，七十五名榮譽教授，三二二名編外教授，十七名外語課教授，十七名臨時借用的代課講師，十八名暫時沒有確定職位的人。當時德國高校的教授總數是多少呢？有七一一六人。這個比例很高。第二次是在《紐倫堡法案》頒布後，這次高潮清出了四九四名科研人員。這四九四人就是依據當年的三項例外條款保留下來的有猶太血統的人。這樣一來，清除的總人數就達到了一六三九人。我們可以看看學科分布的情況。自然科學家四九七人，醫學家四五九人，社會

科學家三九二人，還有其他類別的人。這樣的規模使得德國的教師隊伍受到了百分之三十三的損失。第三次高潮是在一九三六年至一九三七年一月二十七日，趕走了一六〇多名公職人員。這些人被開除是因為其配偶為非日耳曼人。這樣一來百分之三十九的德國大學教師被清除了。規模不斷地擴張。德國納粹所佔領的地方也會實施對猶太人的相關法令。總共約有二千四百名科學家被清除出大學。在一九三九年達到百分之四十五的比例，這百分之四十五的空缺已經被不學無術的納粹黨人接手，最後，柏林大學的校長成了一個屠夫出身的人，大肆推廣獸醫學，整個大學烏煙瘴氣。

　　被趕走的這部分高級知識分子怎麼辦呢？出路有三條：第一，改變職業者；第二，內心流亡者；第三，肉體流亡者。改變職業者之間有區別，物理、化學教授只要不在政治上拋頭露面，只要不公開和政府作對，那麼還是可以在經濟領域當中、在工業上尋找到落腳點，希特勒對這個也是很清楚的。但是對於搞文科的人來說，這是致命的打擊，因為文科的人缺乏對實際鍛鍊和技能培養，在這樣的一種內心流亡的氣氛下，環境的變化下大大限制了他們的發展。環境的對抗性把他們推到了一個很壓抑的境地。在不能夠公開參加科學活動的情況下，帶著政治上的種種壓抑，他們繼續著科學活動。他們離開了熟悉的生活方式，已經不是學校的人了。他們失去了和大學生的接觸，不能正常地交流。經濟上的拮据、不可信任的環境以及政治和精神的抨擊，所有這些都集中在內心流亡的大學教授的身上。所謂內心流亡，其實就是外表不顯露，但是內心想偷偷堅持些原來的信念。由於納粹的宣傳，使得這種情結滲透到社會生活的方方面面，這使得這些研究者的孤立感越來越強烈。在正常的情況下本應結出豐碩的教育科研的

果實，但是在納粹統治時期是不可能的。有人寫道：「內心流亡者的書桌是空的。」內心流亡實際上是窒息了精神生活。這也能夠解釋在納粹統治時期為什麼沒有知識分子的作品。

這樣一場活動是針對有猶太血統的科學家，那麼猶太血統的科學家在這樣的科學家中佔據著什麼樣的比例呢？在所有驅逐的人裡，至少佔據了百分之九十五以上。在一百個被驅逐的科學家裡，五個是日耳曼人，他們是由於政見不合，其他全是猶太血統的人。那時候猶太人都戴著身分牌，走在街上，只要是有人看你不順眼，就可以隨意進行欺凌。每個統治階級的統治下都有被壓迫得無力翻身的底層人民，那麼這樣的底層人民去壓迫誰呢？猶太人！猶太人就成了誰都可以欺負的物件。他們改變自己身分的機會為零。那他們怎麼過日子？他們不得不寄生於猶太聯合會中，即一些猶太商人捐獻了部分錢，他們每天就靠著這些過日子。但是這樣的寄生空間也漸漸地在納粹的統治下消亡了。一九三八年十一月九日，這是一個特殊的日子，德國總會在十一月九日這天發生點事情。一九一八年十一月九日，德國水軍發生暴動，推翻統治。第二個是一九二三年十一月九日，希特勒競選失敗。第三個就是一九三八年的十一月九號，史稱「砸玻璃的晚上」，也稱「水晶之夜」。當然第四個很光彩，一九八九年的十一月九日，柏林牆倒塌。為了紀念一九二三年十一月九日那次失敗的競選，戈培爾指揮了一場紀念活動，出動軍隊在那天晚上把柏林所有猶太人的商店都砸了，之後人們將那天晚上戲稱為「水晶之夜」。當時德國不產玻璃，只有比利時產玻璃，玻璃是要用外幣購買的。現在將商店砸了個精光，如果日耳曼人來接手這些商店，還是需要重新裝修，還得重新買玻璃，買的話還要使用外匯。當時的德國為了擴張軍備，外匯十

分緊張。戈培爾被罵得實在受不了，最後他想了一個辦法。他把猶太聯合會的人叫了過來。讓他們賠了十億。理由很充分：就是因為有你們這群猶太人，讓我們一時失去了理智，所以責任應該由你們來承擔。處於被壓迫地位的猶太聯合會沒有辦法，只能繳款，最後這些猶太商人也是血本無歸。由這些猶太商人接濟的猶太聯合會就這樣蕭條了，那些寄生于其中的科學家們就自然失去了他們的寄生之所，所以他們除了逃離德國之外別無他法。我們提到了百分之五，這些日耳曼人，他們和猶太人一樣，除了逃離德國之外沒有別的選擇，否則等待他們的就是死亡和集中營。這樣的一個法律的頒布，其實就意味著講德語的猶太知識精英必須流亡到他國。剛開始的時候，希特勒並沒有實施殺人的政策，只是驅趕。猶太人那時還對希特勒心存幻想，他們還在期待這種恐怖早日結束，哪知道恐怖的烏雲越來越濃。隨著德國局勢的惡化，他們慢慢地出逃。「水晶之夜」之後，流亡達到高潮。

在一次一九三三至一九四五年納粹德國知識難民調查中發現，二千二百名科學家中只有一千四百名選擇了流亡。另一項調查顯示，在德國和奧地利由於配偶是猶太人而被撤掉了工作的雅利安血統的科學家有二百人左右，這些人基本上都沒有選擇流亡。選擇流亡的一定是猶太人，有民主進步思想的知識分子。他們的逃跑的方向是什麼呢？他們的流亡首選國是什麼呢？美國31%，法國21%，英國14%，瑞士11%，義大利6%。為什麼義大利有6%呢？因為義大利的墨索里尼雖是納粹分子，但是他不排斥猶太人。還有6%去了巴勒斯坦。不要小瞧巴勒斯坦，它救了多少猶太人啊。還有11%是歐洲的其他國家，這些地方，除了美國以外都是歐洲國家。為什麼呢？這就是我們需要思考的地方。流亡科學家的流亡方向是由很多因素決定的。其一

是接受國可以提供的教師崗位，逃亡者本人的素質和技能條件，逃亡者如何看待眼前的局勢。三者合在一起決定了科學家會流亡到何方。流亡科學家的流亡和一般人的流亡是完全不一樣的。一般的工人流亡到別的國家很容易適應，因為在本國是打工，在國外同樣也是打工，在那邊的工資還很高。但是科學家不一樣，他們思考的是到流亡國之後是否還可以進行原來的事情，是不是能夠有原有的地位。在歐洲國家，大學都是國立的，這就需要由國家政策來決定。如果國家政策接受外國科學家，那麼一夜之間就可以在流亡國找到工作，因為這些教授的津貼是由國家出資，不需要這些管理者自己掏腰包。問題是，當時的歐洲處於經濟危機中，一九三三年的歐洲經濟並不景氣。還有一個原因是德國在一戰中是英法等國的敵對國，人文社科類的科學家，而且還是敵國的這些人來到你的課堂講課，自然是不妥當。所以歐洲的這些國立大學裡有著非常森嚴的等級觀念，很不願意別的民族的人來到他的課堂，更何況是德國的科學家們。那麼就要提到美國了，尤其是美國的基金會，特別是美國的洛克菲勒基金會。大家都像退貨一樣推來推去。後來這個基金會說了，他出錢將這些人臨時安排在大學裡，能在這個大學裡任職多久還不一定，但是至少解決了臨時的危機。這種做法在現在看來無關緊要，因為從歐洲大陸的結局來看，歐洲大陸最後是淪陷了的。這些大學只充當了這些科學家們的臨時避難所和繼續流亡的中轉站，所以整個歐洲的情況都是這樣的。瑞士雖然是德語國家，但是它不願意在正式的職位上安排德國流亡來的科學家們，它害怕希特勒不承認它的中立國地位。它很怕惹怒希特勒，希望能夠獨立出歐洲的局勢，保持中立的態度。這樣看來，真正能夠接受這些流亡科學家們的，只可能是英美的大學。因為英美的大學都是私

立大學或者是教會學校，這是它的長處。能夠自由招聘，是獨立的，不依附於國家。這就面臨英美的大學能夠為他們提供多少職位。然而人家是很嚴格的，人家一個專業只允許設置一個職位，不像我們國家每年都有幾個指標。

英美的大學和德國的大學在理念上究竟有多大的相似性？如果沒有相似性就不相容，如果不相容就沒有辦法任職。當時的大學很少。一九三〇年，英國只有十六所大學，大學生的人數也只有四五六〇三人，到了一九三九年的時候還是十六所，並沒有增加。我們看到英國的大學規模有限而且幾乎處於停滯的狀態，這對於吸收流亡科學家們來說是不利的。英國的大學要培養的是國家的領導者，教師的首要任務是千方百計地把學生變成國家的領導者。德國不是這樣的，德國是將培養科學家作為首要任務。由於兩者的區別很大，英國原本沒有博士學位，是在一九一八年才引進的。這樣一來，英國的研究生只有兩千多人。而德國的教授最適合帶研究生，有專門培養研究生的方法。英國的培養機制缺乏靈活性，相當狹猛，接受流亡科學家的能力十分有限。但是英國對於德國的科學家們很熱心。一九三三年五月一日，倫敦經濟學院的院長威廉・卑弗列治成立了一個名為「學者援助委員會」的私人機構，他發表成立宣言。其宗旨就是想方設法為德國流亡科學家找到工作，使其以後在英國或者國外獲得終身教授職位。英國的大學裡的教師拿出自己工資的百分之二十五來成立這個委員會。之後又由英國的科學界、政治界、藝術界的名流簽字，表明願意為他們在大學或者實驗室裡找到工作提供條件。愛因斯坦還專門跑到英國幫助成立這個委員會，但是他自己沒有留下。英國人有這份心但是沒有這個實力，它的體制下沒有這麼多崗位。所以它只能扮演一個過渡國

的階段。

　　而美國就不一樣了。美國的大學有著當時世上最好的條件，它的數量龐大，這個是很有優勢的。美國的大學這個時候處於膨脹的狀態。從美國的人口、大學生比例、年輕人比例來看，大學的數量增長得非常快。說明美國正處於由精英教育向大眾教育轉型的關鍵期。美國的研究生的數量當時有二三八三人，在幾年裡人數增長了幾倍。美國除了私立院校外，還有二六四所正規院校，有二點七萬人的教師隊伍。教授有一點二萬人。美國正在建立一個覆蓋本土的教育系統，這就有利於流亡科學家的落戶。這麼多的美國高校並非都適合這些教授。美國的高等院校有三個類型：其一，自由學院，也有人翻譯為文理學院；其二，職業學院；其三，大學。文理學院是美國大學的基石。文理學院的教學中心是通識課，是基礎。在三年通識課中，學生可以規劃自己的未來。自由學院教育的重點是普通教育。對於美國教授來說，會不會講課是判定的標準。一個善於講課的人比一個滿腹經綸卻講不出來的人更受歡迎，這對於德國來的教授們是不利的，所以德國來的教授們更擅長帶成熟的研究生。職業學院有法學、醫學、管理學三類，這三類學科在德國是大學裡的專業學科，但在美國是一個專門的學院。這三類學科是實用主義性質的，追求的是資格考試，不是學術研究，是按照職業要求來劃定的。流亡科學家們在德國能做的，在美國不一定能做，兩個國家不相容。從這個意義上來講，只有真正意義上的大學才適合流亡科學家。一個大學的核心部分是研究生院，它是一個大學真正國際化的部分。研究生院是以研究科學為主。德國的流亡科學家們到了研究生院才算到了真正適合自己的地方，德國科學家最適合幹這個事情。美國最初是沒有研究生院的，在

一八七六年才從德國引進，大學裡的教授全部是德國人。哈佛是流亡科學家們來了之後才火起來的。德國是研究生制度的發明者，所以在這裡就不涉及銜接的問題。美國的教育有一個麻煩，就是從字面上看不出一個大學的水準、品質。比如麻省理工學院，它比掛什麼大學頭銜的學校要好得多。加州理工學院，它雖然沒有掛大學頭銜，但是品質很好。一個外來的科學家在美國找到適合他工作的大學實在是太難了。他以為是個大學，結果進去之後發現是個街道自辦的大學。以為學院太爛了，結果品質還很高，完全搞不懂。這時，仲介機構就顯得十分重要，而且這些仲介機構往往是大學的捐助者，與大學之間有著財務上的連繫，這是私立大學的特點。美國大學在財務上和德國不同，德國是官方出資，所以他的科研很牛。美國靠私人來辦大學，力量自然比不上國立。但是國立大學也有弱點，一旦國家撤資，不願意按照公平、自由的態度來辦大學的時候就很危險。私立大學有發展的餘地，不易受國家政策的影響。私立大學在財務上沒有國家干預，完全是私人捐贈。美國的私人基金會花樣很多，私人基金會可以在脫離國家的情況下獨立運營。所以一個基金會對於外來科學家的接納與否就很關鍵。如果說基金會的董事點頭同意，那就沒有問題。美國的高校如此靈活、如此具有高效性、如此快速發展，在接受流亡科學家上有著無與倫比的優越性。其自身條件還受到一些限制，包括四大方面。第一是年齡方面。有社會學家做過調查，無論是口頭、書面表述還是記憶能力，在進入美國以前，凡是四十歲以下的講師，在德國很平常，但是在美國就會成為教授。德國就是這樣，教授的崗位很少，到四十歲沒有結婚是很正常的。反映出一個問題，四十歲作為一個講師是很正常的。如果講師歲數超過四十歲，那麼遇到的困難是很多

的。如果是年齡更大的教授，而且在國際上有顯赫的名聲，流亡就意味著對事物變化的適應能力變小了。因為這些教授在過去，在德國擁有很高的地位，但是流亡就意味著和過去一刀兩斷，這個事情痛苦得很。年歲越大，那麼在母國生活的時間就越久，就越是不想離開原來的國家。在國際局勢沒有發生急劇變化的情況下，他們是不願意行動的。要到美國去冒險的話，越年輕越好。除非你有國際上的名聲，一大堆人捧著你，那麼你過去了境遇不會太差，就像愛因斯坦這樣。第二個條件是掌握的外語種類和水準。這個問題是決定逃不逃亡的關鍵，決定著往哪裡逃。如果英語掌握得好，那麼大難臨頭的時候你肯定是想著往英語國家跑；如果你的法語很好，那麼肯定是往法語國家跑。要是什麼外語都不會，那也不是說活不了，肯定會想到往奧地利逃。關鍵在哪裡呢？關鍵在於一九三三年之前德國是世界文化中心。文化中心是個什麼局面呢？那就是八方來朝。八方來朝的時候就是別人來學你的語言，以尋求和你有共同的語言，不是你去學別人的語言。德國當時八方來朝的地位使那些教授們從未想到有朝一日他們竟然會流亡海外。所以，這些人從來就沒有研究過美國。既不了解美國的生活習慣，也不了解美國的大學體系。更可怕的是這批教授裡，只有一小部分人會一點點英語，基本上不懂英語。那時的國際交流很少，學術交流基本上沒有。在那種局面下，年輕的教授們可以迅速撿起英語課本和專業知識，來適應美國的大學體系。人家學外語快，很快就能運用起來，因為兩種語言之間有很強的連繫。但是對於年老的教授來說，學習一門新語言是很困難的。在一個完全陌生的國度裡，使用完全陌生的語言來進行教學，他們不相信自己還有這樣的能力。一旦不相信，很可能就會選擇不走了。二千二百多位教授，最後只逃

了一千四百多位。這一千四百多位裡面有一百多位自殺了，還有五百多位沒有逃出去，因為年齡太大了。這五百位教授最後被希特勒抓到布拉格以北的一個集中營裡，德國納粹抓到的猶太知識分子全部往那裡送。他們建立了當時最全的猶太圖書館，每天都在裡面發表科學報告。到了最後，德國兵敗的時候就開始殺人，人數一個個減少，最後只逃出了七八個人。其餘的人全部被處死。所以年齡和語言是很重要的。有的人不走，心想我們猶太人被壓迫不都幾千年了嗎？西元前就開始被壓迫，這次也不會有什麼大的變動。沒有想到會殺人。連希特勒自己也沒有想到，他最初的設想是將猶太人運到馬達加斯加。最後是打仗的時候英法把海域封鎖了，運輸路線就被切斷了。後來又想把這些猶太人運到蘇聯的一個海島上。隨著侵略戰爭越打越大，地盤越來越廣，他手裡的猶太人就越來越多。到了後來，德國控制的地區內有一千多萬名猶太人。用趕走的辦法不行了，那就只有殺了。最後，在萬國會議上，他們就決定有計劃地對猶太人進行殺害。主要用毒氣彈進行殺害。最具諷刺意味的是這個毒氣彈就是猶太人哈勃的發明。自然科學家和數學家在接受國很容易被任用，因為他們的專業本身就具有國際性。這樣一來，他們在海外就很容易就業，而且享受到的待遇也要比人文科學家們要高。裡面還有一個因素，就是在當時，在醫學和數學等領域，沒有哪一個國家的發達程度能夠超過德國，他們的到來不會與美國的青年教師產生競爭關係。在人文科學領域，人文科學家容易受到影響。社會科學包括什麼呢？政治學、經濟學、社會學。當時在經濟危機時期，各個國家都高度重視這些學科的發展。因為這些學科的發展，會影響到這個國家能否擺脫經濟危機，所以這些科學家也很容易被美國接受。人文科學家都是最後到了沒有辦法的時

候才逃出來的。還有一點，在流亡之前國際交流程度如何，如果有這種交流，那麼對於流亡時候的選擇有相當大的影響。如果跟外國的教授們有很緊密的交流，那麼現在有難，寫封信讓他進行幫忙，是很容易的事情。一般來說，在一九三三年以前進行國際交流的科學家往往是具有一定國際聲譽的科學家，在科技上佔據了國際前沿的地位。當然，這樣的人只是少部分，他們在國外也很吃香，成為國外爭相搶奪的對象。比如說愛因斯坦、湯瑪斯曼、哈勃這樣的人。

這些大專家、諾貝爾獎的獲得者都是國外爭搶的對象，而且當時德國發生這些變故的時候他們根本就不在國內。當時愛因斯坦正在國外進行講座，一個學生跑進來說希特勒上臺了。愛因斯坦聽到這個消息之後宣布永遠不回德國了，下面的校長就上來擁抱。

一個科學家往哪裡跑還與當時他對局勢的判斷有關。沒有人說是一開始國內一發生動亂就決定往外國逃走。因為最初希特勒上臺，對於他究竟能夠維持統治多久，人們的觀點是不一樣的。有人認為，納粹的統治只是一個暫時的局面，從流亡國返回是一個不可以阻止的局面。當時他們的預計也就是兩三年而已，都認為希特勒這樣的統治不道德，不道德的政權肯定不會長久的。哪曉得最後發展成這個局面，還在位這麼久，還越來越凶了，最後影響了全世界。到了最後，他們沒有辦法了才會出逃。他們自己認為是德國人，但是他們一直為之效力的德國人並不承認他們是德國人，這就是他們的悲劇所在。他們祖祖輩輩就在這裡。在古代，他們的祖先就已經定居在德國了。那麼久遠的感情怎麼隔得斷呢？所以大多數人都是躲在歐洲鄰近德國的國家裡，等待著德國局勢發生轉變。他們也不把自己看作是會長期離開德國的流亡者，而把自己看作是有回歸希望的流放者。流亡者和流放者是兩個不同的角色。流放者是暫時的，等期限一到就可以回來，但是

流亡者則要等到局勢發生完全轉變之後才有希望回國。當時的美國在他們眼中是一個不可把控的地點。今天我們乘波音飛機，幾個小時就到了，但當時是需要用船漂洋過海的。海上至少要半個月，船票的價格不菲。當年要過去是很難的事情。在他們眼中，美國是一個不可返回的地點。在這些人的想像中，美國不在他們的憧憬之中，美國在德國人眼中也不是一個值得嚮往的地點。尤其是在二十世紀二〇年代，德國社會裡出現了一小股美國化浪潮，出現了一些不符合德意志傳統的現象，德國傳統中出現了二十世紀美國化進程中一些讓他們很失望的地方。希特勒上臺的原因也就有這一點，國家到底是民族化還是國際化，最後當然他們選擇的是民族化，所以開始排斥所有的猶太人。雖然這些科學家不是保守主義者，而是民族主義者，但是他們在內心裡面並不接受美國。他們對美國有相當矛盾的認識和想法。因為美國是一個沒有嚴格階級意識的社會，同時他們對於美國人的那種樂觀主義、現實主義表示不贊成態度。他們也承認美國社會活力的重要性，同時又對美國的功利主義及沒有精神追求的實用主義非常反感，直到今天他們還是這樣認為的。在「水晶之夜」之後，他們才認識到納粹政權是不會因為內部的原因而倒臺的。他們才決定要開始人生的新起點。一旦決定要開始一種新的生活，美國就很熱心地提供最有利的條件。隨著希特勒對內的反猶政策和對外的擴張政策越來越猖獗，在西歐避難的流亡科學家們決定迅速逃離。對戰爭的恐懼擔憂以及美國對接受流亡科學家的政策能夠清楚地解釋，為什麼一個科學家決定流亡到美國。我們今天就講到這裡，謝謝大家！

2010年於華中科技大學演講

陳俞蓉根據錄音整理

世界科學文化中心的洲際大轉移（下）

李工真　武漢大學歷史系教授

　　昨天我們講了世界科學文化中心的洲際大轉移，我們今天繼續這個內容。首先來回顧一下。昨天我們講的是納粹德國的政策和科學家們流亡過程中影響選擇的因素。由於內容比較豐富，所以我們需要花兩個晚上來講。那麼今天我們就要談第三個問題和第四個問題。然後做一個總結。

　　首先要談的就是美國。昨天我們講了有最好的條件，有最好的大學環境，能為這些科學家們提供最有利的條件，所以大家往美國跑了。但是我們也說到了一點，那就是流亡科學家大部分都是在歐洲國家待著的。那麼這個流亡就究竟是一個什麼樣的過程和一個結果，我們今天晚上來談談。

　　美國高校的領導者們雖然表示了對德國學者的熱情，但是具體到下面的執行者卻沒有這樣的熱情。恰恰相反，他們非常害怕這批人的到來。因為這批人是頂尖高手，來了之後是要搶飯碗的。

　　我要講的第三個問題就是美國高校對外來科學家的恐懼症。我不知道今天如果有外來頂尖教授湧入我國，我國教授們會作何反應。自從一九三三年四月七日德國的《重設公職人員法》頒布以來，美國國內重要的報紙一直在追蹤這個，關注德國校園內驅逐有猶太血統、有進步民族思想的科學家的運動。美國的立場是站在被趕出校園的德國

教授的這一邊。所以就在一九在三年五月七日，美國也產生了一個很重要的組織。美國知識界很重要的一位精神領袖、美國駕馭科學研究所的所長斯蒂芬・達根。發起了援助德國學者緊急委員會，簡稱緊急委員會。這個委員會在一九三八年之後改了名字，因為不光是德國的學者了，所以就改成了援救外國學者緊急委員會。宗旨是援救因納粹暴政而被趕出校園的知識分子和研究者，使之能為美國的教育和科學的發展服務。說得很清楚，不是為了挽救個人，而是為了挽救其知識和才能，這就是美國典型的實用主義。這樣的口號提出來在美國是非常講究策略的，否則美國人不會答應。他們會想，憑什麼我們要給人當避難所？所以委員會就說了，我們不是為了救助個人，是因為這些人的頭腦裡有知識有才能，在這個時機能夠為美國所用。到了七月五日，一四二所美國大學的校長聯名發起了一個聲明，呼籲美國要全國動員起來，挽救那些有猶太血統的流亡科學家和遭到驅逐的天主教徒。到了七月十三日，康奈爾大學的校長列文斯通・法蘭德成立了美國大學援助委員會，最後大家都加入到這個委員會中。法蘭德發表了聲明，美國的大學現在都很窮，因為都是私立大學，而且現在面臨經濟危機。所以他呼籲非大專院校的私人組織和機構要提供金錢上的扶助，要求大家踴躍捐款。還有一個有名的人物，美國大學聯盟的主席巴德科爾・柯林斯，他是在美國享有盛譽的哥倫比亞大學的大教育家。他和達根的想法是一樣的，認為科學是沒有民族和文化的界限的。科學是沒有國界的，科學家才是有國界的。美國在救人的時候，宣導科學家也沒有國界。否則有什麼理由要接受他們呢？他認為完全可以利用納粹德國的清洗運動為美國的教育和科學的發展獲得良機。所以他就在一九三三年十月一日前往歐洲進行實地考察。到了德國以

後，他進行了實地考察。回來之後，他於十月二十二日給達根寫了報告。在報告中，他非常擔憂一件事情。他說美國的大學對於這些流亡科學家們的分配任務的緊迫性來得太遲。現在正在分配世界上最頂尖的人才，美國到現在還沒開始行動，等到我們醒過來的時候就已經晚了，德國的人才到時候就已經被瓜分光了。他說就在眼前，在一九三三年成立的倫敦委員會現在已經分配了二五一名世界頂尖的德國科學家。在對這二五一人的分配過程中，倫敦委員會已經將一四〇人分配給了英國的大學。而美國只拿到了其中的四十三人，且這其中只有十三人獲得了長期固定的崗位。他說現在可供分配的高級人才至少還有八百人。與此同時還有一個組織成立了，而且這個組織行動得很快，這就是設立在瑞士的蘇黎世的由德國流亡科學家們自己組織的機構，稱為在外國的德國科學家緊急共同體。這個共同體動作很快，分配了三十個一流的科學家，將他們安排在了土耳其的伊斯坦布爾，而且主要是很厲害的醫學家。我們講土耳其以前是奧斯曼帝國，帝國垮了之後是一個半封建半資本主義的國家。它的地理位置橫跨歐亞非三個大陸，帝國主義列強無法吃下它，於是就將它分裂成很多的小國家，比如今天的阿拉伯、伊斯蘭等。土耳其也在其中獨立了出來，它剛獨立出來時非常窮，所以就不可能接受那麼多猶太難民。但是它的統治者季麥爾非常聰明，企圖利用德國的優勢，來彌補自身的不足。在一戰期間，土耳其一共接受了二百個科學家。這個報告讓達根感到很緊張。於是這些精神領袖就進行了緊張的串聯，以美國大學教授聯盟的名義發表了一個聲明，反對德國校園裡的暴政。但是來得很晚，八個月之後才有行動。聲明中表示，美國大學教授聯盟對於美國大學信奉的自由、平等遭到質疑感到深深的不安。從長遠看，沒有這種自

由就不可能有高水準、高品質的大學，所以本聯盟表示堅決的反對。這是美國大學教授聯盟第一次做出反應。美國大學教授聯盟聲明，並不想對任何一個國家的政治自由和思想表達提出任何異議，科學已經被國際化，科學的發展在任何一個國家裡，都是和人權連繫在一起的。德國柏林大學的科學理性的原則是德國人提出來的，並且堅持了一二〇多年。全世界的大學都在跟著德國的大學學習的時候，德國的天塌下來了，把這些原則廢棄了。聲明發表之後，大學裡似乎動起來了，開始營救這些科學家，但是效果很有限。在一九三五年五月有一個統計，當時有四四七人從德國的大學裡出逃，但是在這四四七人中美國只拿到了九十五人。而且在九十五人中只有二十七人獲得了固定的崗位，其餘的都是臨時工。當時，英國的教育體制僵化且停滯不前，美國的教育體系很靈活，但是現在的結果是連英國都比不上。這說不過去，因為美國有一個擴張的教育體系計畫，能為流亡科學家們提供的崗位竟然是如此的有限。而且令人震驚的是這二十七人裡居然有十四人是被一個小小的成人高校收留的。這個高校即社會研究新學院，在紐約非常有名。它原來是一個工人院校，在美國完全不被人看好，是被約翰森這樣的人做起來的。當時的校長非常有眼光，叫約翰森。他積極營救德國科學家，他要把這個學校變成美國第一個國際化的大學，成為美國的一個流亡科學家的大學，最後他成功了。流亡科學家們來一個招一個，甚至還跑到倫敦去尋找德國的流亡學者。猶太商人向他秘密捐獻了一筆錢。小小的成人高校吸收了那麼多來到美國的流亡學者，可見當時美國的大部分高校對流亡的科學家們採取的是什麼樣的保留態度。我們可以看出美國大學在收留德國流亡科學家的問題上採取了一個相當矛盾的態度。有同情，但是真正行動起來又很

難。

下面來分析其中的原因。美國精英們發表的這種聲明、這種抗議、這種政治上的表態，表露出要援助流亡科學家的氛圍，也的確動員了很多純私人的基金會。而且還有一點，德國的大學在美國是有崇高的威望的。當時美國傑出的年輕人都要到德國去留學。如果不去，則在美國的學術界是沒有什麼學術地位的。我們現在談談德國的大學當時在世界上是什麼樣的地位。德國的大學在那時給美國培養了多少個博士？當時德國給美國培養的博士整整有一萬個，充斥於美國大小各個學府，成為美國科研工作的中堅力量。還有某些美國的大學，很多引進德國的模式。德國的教授在美國人的心目中，是有學究氣、很天真、很敬業這樣的印象。而且德國培養出來的美國科學家們，在這樣一場活動中，成為援助德國科學家的中堅分子。在羅斯福新政的政策下，美國學界清楚地認識到，接納流亡科學家會給美國帶來巨大的科學進步。

但是我們要看到不利的一面，兩次世界大戰，美國的公共輿論是被一個東西所統治的：向孤立主義撤退，不要管歐洲的閒事。因為一戰，本來不關美國的事情，後來美國幫助了英、法。戰後美國積極宣導建立一個國際聯盟（聯合國的前身），結果國際聯盟被英、法操縱，還沒讓美國加入。美國人覺得划不來，被歐洲人算計了。所以很多人希望不要管這個爛攤子。在此期間，美國被孤立主義所統治。

在這種氛圍之下，有三分之二的美國人對於剛通過的移民法提出了移民限額制。這個限額的依據是一八九八年移出美國的各民族的數量，其中對英國分配的人數最多，對德語國家分配了二點五萬人。羅斯福眼見歐洲有近五十萬名猶太人要移民美國，就做了很多次的民意

測驗。羅斯福老謀深算，很尊崇民意。他想鬆動名額，但是老百姓不允許。在每年的民意測驗中都遭到反對，加上政黨中的南方議員們都反對管歐洲的閒事。當時美國的整個國會都被保守主義所籠罩。這導致每年二點五萬人的移民名額都沒有用完，居然只用了七千多個名額。能卡就儘量卡，不讓移民，守住美國的大門。羅斯福想鬆動，但是得不到民意的支持。他曾經還舉辦過一個關於猶太難民的國際會議，來參會的主要是歐洲的猶太人，美國人都不願意參加。最後在法國舉辦會議，羅斯福的代表參加了，打電話回美國說局勢不好，因為所有的國家都往後縮，不願意接受這麼多的猶太難民。其他國家都裝聾作啞，不願再要。美國國內也不願鬆動移民限額，因為只要美國鬆動了移民限額，就會造成歐洲猶太難民的大量湧入，就會使得納粹的反人道主義政策更加猖狂，甚至會刺激東歐的那些專制主義國家也採取極端的手段來對付猶太人。希特勒也是很厲害的角色。因為猶太人在德國是有錢人，他以各種名義讓猶太人把錢拿出來支援納粹，然後再將這些猶太人趕走。一個無產者被趕出去之後，別國就更難以接受。希特勒就說：「我們把猶太人的安頓工作委託給了西方國家。」如果別國不接受的話，希特勒就會說：「你們西方國家不是宣揚民主嗎？你們不是大力號召人道主義嗎？難民們到了你們的門前，你們為什麼還要把大門關起來呢？」這些言論十分具有號召力和影響力，揭露了西方的政治有多麼的虛偽。在這個問題上希特勒與羅斯福對話，羅斯福沒有辦法回應。「你們美國的國土面積多大啊？你們的經濟實力多強啊？你們的政局多麼穩定啊？可是我們德國的面積只有多少？你看看這公平嗎？空間資源是多麼的貧乏，你們不是要公平嗎？平等嗎？博愛嗎？」這導致羅斯福沒有辦法應對，導致美國的移民法在

一九四五年都沒有改變。所以人們對於美國在德國猶太難民問題上的冷漠，有很多的批評聲音。到了一九七九年，美國副總統蒙代爾為美國發言：羅斯福在一場文明的考試當中肯定是無法面對希特勒這樣的對手的。

但是對於人才，還是有商量的餘地的。有一個「人才優先」原則，根據這個原則，一九二四年的移民法第四條規定：在入境美國以前有兩種人不算移民限額。其一是擔任任何一種宗教職位達兩年以上並且在入境美國以後還繼續擔任這一職位的。其二是在研究機構、大學中任教的教授及其配偶，以及其同行的子女家屬和尋求團聚的年齡未滿十八週歲的子女。這就意味著一個學者去美國要有兩個條件：一個是和美國的大學簽署的工作條款，另一個是在出生國從事過某一學科並擔任兩年職位的證明。有了這兩個證明就可向美國移民。孤立主義的氣氛也影響著美國的學校及有著多年教學經驗的美國教師。所以在經濟大危機來臨之前，美國就實行了嚴格的外聘教師限額制度，儘量少聘用外國人。另外還有一點，歐洲國家傳來種種可怕的消息，害怕猶太人也是納粹分子。對納粹勢力滲透的擔憂在美國的大學蔓延，特別是美國那些有日耳曼血統的科學家們，強烈抗議美國政府接受猶太難民。

我們來談談移民和難民的區別。那些有日耳曼血統的科學家們在很多年前是以移民的身分來到美國的。移民在離開自己原來國家的時候滿懷怨恨，難民離開原有國家時也是滿腹牢騷。不過兩者之間有差別。何為難民呢？就是你不離開你的祖國就有丟命的危險，不得不逃，是出逃。帶著某種不滿和他認為可以實現他願望的期盼到美國，是自願去的，這叫移民。當他一腳跨出自己祖國的時候就成了愛國主

義者。這群移民到了美國之後什麼都會有，房子、車子、孩子、老婆，但是唯獨就差一樣——祖國！祖國這個概念就被放大了，在海外的時候這種情緒也就放大了。他們在海外是少數派，在異鄉人的環境中要得到尊重就需要祖國的強大和崛起。他們對希特勒沒有感情，但是看到德國在國際上聲名鵲起，心中還是有自豪的情緒在的，所以他們對希特勒的統治很認可。這兩種感情是如此的衝突。但是難民是帶有怨念的。到了一九三五年的時候，這批移民還建議政府不要接受這些猶太難民，認為他們是國際秩序的搗亂者。更何況美國和德國當時是很和平的關係，為了接受這些猶太人跟德國翻臉，在他們眼裡就是不識大體。這夥人是日耳曼人，而難民們是猶太人，雖然都是來自德國，但是兩者不相容。

在經濟方面，當時經濟危機來臨，勞動力市場全面萎縮，這樣的局面也直接影響到大專院校教師的就業。這就逼迫著美國大學採取緊急的措施。美國國內由於經濟危機的來臨，自身就進行了大規模的裁員。這樣一來，美國高校接受猶太教授就更加困難，所以凡是裁員的學校都不能再招收猶太人。即使存在沒有裁員的高校也已經沒有了再招收教授的能力。更嚴重的是，這樣的高校特別害怕德國科學家的到來，尤其害怕德國年輕的科學家的到來。美國的講師們是很緊張的，他們認為這些人是自己職業生涯中最大的障礙。所以這些年輕教師們很反對德國教師的到來。對自身職業前景的擔憂，對德國局勢的無知，經濟上的壓力，這三者融合成一個無形的憤慨，這種憤慨通過反猶主義反映出來。

舉個例子，阿爾濱·強生搞了一個流亡者大學，當年他最早提出這個想法。他在作為經濟學家的時候就曾經訪問過德國，他認識德國

很多的經濟學家。所以他一看到一九三三年希特勒上臺了之後，就想到他的朋友們，想要將他們解救到美國。於是就想合力建設一個流亡者的大學，然後他將這種想法告訴了他的同事們，結果招來了同事們的冷嘲熱諷，這些人認為不能給猶太人在美國生存的任何機會。還有人嘲諷他不要做夢，因為在這些流亡者中不會有頂尖的德國人，他們無非就是些難民和社會民主黨人。在這樣的氣氛中，他已經接受了二十四人中的十七人，就已經遇到了這麼大的阻力。一九三八年，希特勒吞併了奧地利之後，起初美國主張援救猶太人，準備迎接第二次移民高潮。在此期間，洛克菲勒基金會做了一件事，發出了一個通知，即是一個民意調查，看大家對流亡科學家們的態度。基金會以為會得到大家的支援，因為國家的建設需要人才。哪曉得這個調查單直接被退回，退回的時候還添加了些字：「我們不認識他們，我們也不需要他們！」猶太人當時在美國的地位是很低的。這些科學家們剛來到美國的時候是很難受的，他們說他們當時在歐洲的時候在身體上受到了納粹粗野的對待，而美國讓他們遭遇了對人的尊嚴的拒絕。當時有個著名的政治家諾依曼，寫了本書叫《納粹主義的結構與實踐》。從自尊出發，他談道：「原來德國的反猶主義比美國還小些。」還有些更加驚人的事情，發生在物理學家詹姆斯·弗蘭克——一位獲得諾貝爾獎的物理學家身上，他被一位反猶主義的校長強令逐出校門。霍普金斯大學當時對德國充滿了崇敬之情，其各種制度和教授的任命都和德國有關，都是仿照德國而來的。所以美國當時的高校無法收留猶太科學家們，不是經濟的問題，不是能力的問題，而是在反猶情緒的影響下做出的決斷。

一些私立組織想說明德國來的猶太科學家們，但是同時不想激怒

美國反猶學者的情緒，那就必須小心謹慎。因此，必須談到美國高校中對外來科學家們的恐懼症。

下面我們來談談美國對流亡科學家的接收。

要想讓更多的流亡科學家來到美國，就必須掃除美國人的反猶情緒。但是這樣的問題又不是基金會能解決的。基金會能做的是什麼呢？是能為他們選定的人才提供資助。那麼究竟哪一所大學要誰，基金會是沒辦法管的，這些工作要委託給緊急委員會。我們要詳細地談談洛克菲勒基金會，因為它太重要了。洛克菲勒基金會在當時可以說是世界上最重要的科研基金會。這個基金會誕生於一九一三年。在美國的反壟斷運動中，要肢解大財團。當時的洛克菲勒集團很聰明，在政府行動之前就先分解掉了，設立了一個基金會。表面上看跟集團沒有什麼連繫，但實際上這個基金會的錢全都來自洛克菲勒集團。它幹的也是科學研究的事情，不是私人的事情。這是美國第一個科學研究基金會。洛克菲勒每年資助八百萬美元，它在當時是能夠為流亡科學家提供最有力資助的基金會。它和我們前面提到的委員會都不一樣，它是在二十世紀二〇年代就和科學界打交道，掌握了德國科學家們最詳細的資料。這個基金會最開始是資助醫學的。石油搞起來之後就資助化學領域。然後又到了物理化學。到了汽車大眾化之後，開始轉向社會科學。當時投資很多，高達一千八百多萬美元，投往全世界，一開始就擺出了國際化的架勢。當時它支援了四百萬美元給德國，支援德國的大學建設。這筆錢投進去之後希特勒就上臺了，而希特勒把他們看中的人全部趕出去。這些人被掃地出門之後，洛克菲勒基金會在巴黎設了一個辦公室，專門調查德國科學家們的情況，尋找德國的知識精英們，也算是在挽救自己的投資。想要把他們轉移到歐洲其他國

家或者是美國，想要追加投資來挽回前期的投入，這完全就是一種商業思維。美國有那麼強大的阻力，那麼就把這些科學家安頓到歐洲其他國家。總之，就是選用各種資源，利用歐洲其他國家的條件，讓這批人繼續搞科研。

在奧地利被吞併之前，大約有三分之二的流亡科學家被安置在歐洲大陸，美國只接受了三分之一。由於第一次世界大戰打起來了，有很多人擔心安全問題，就前往美國。英國接受了四百多人，希特勒在轟炸英國的時候擔心裡面藏有自己的間諜，害怕這樣的資源被炸到，所以就直接把流亡科學家送到加拿大。這些人到了加拿大後並沒有得到重用，因為當時的加拿大很不發達，他們寧願要一個伐木工而不願要一個科學家，因為他們覺得伐木工更有用。最後，這些人到了加拿大之後直接被用鐵絲網圍起來，與世隔絕。我們現在談談怎麼分配這些人。三個大組織——緊急委員會、學者援助委員會、緊急共同體之間取得了連繫，它們能夠及時提供流亡科學家的資訊。三大組織之間進行協調。緊急委員會負責在本國的仲介活動，援助委員會在殖民地範圍內進行相關工作。英國的援助和美國的援助做法是不一樣的，做法不一樣反映出兩個國家面臨的局勢不一樣。英國的委員會把自身定義為自立勞動市場組織，它來挑科學家，並推薦給大學。這些被挑中的科學家的工資由這個委員會來出，具體是由這個委員會裡的教師每人捐獻一點份子錢，來為德國科學家提供工資。後來由洛克菲勒基金會出面給予強有力的支援之後，那些高校的教師們就不需要捐獻自己的工資了。但是美國的做法不一樣，由於孤立主義、經濟危機，大學裡的財政問題是很複雜的。為了把更多的人才吸引到美國來，斯蒂芬·達根這個人就很聰明，要求基金會往他的大學裡投錢來幫助流亡

科學家，由他來統籌安排。

　　美國的猶太人為了德國的猶太人做了很多的努力，其中最顯著的是「苦海餘生」。一船的猶太人快要到美國了，結果在上岸的時候美國總統變卦了，說是需要移民費用，美國的猶太人們用飛機將這些錢送到船上，才讓這些逃難的猶太人們進入美國。可是美國方面幾經變卦，最終決定不接受這些人。要求逃難者最後經由第三國進入美國，即美國不允許這些逃難的猶太人直接從德國到達美國。這讓船上的猶太人很失望。在絕望之時，這些人得到了英、法等國的援助，最後在英、法等國家落戶。這些基金會在做這些仲介活動的時候有三條原則。其一，無區別對待來自任何宗教的信仰者。其二，只接受三十至五十八歲的教授和講師，以避免和美國的年輕人競爭。其三，只接受來自美國高校的申請，不接受流亡科學家個人的申請。要美國的大學發出申請來邀請這些教授，這些教授才有資格進入美國。這些科學家的名單由基金會提供，同時供美國的各個高校選擇。

　　流亡科學家在美國的工資不高，工資由委員會和高校共同分擔。在接受流亡科學家的問題上，美國的高校沒有增加任何負擔。洛克菲勒基金會除了在財政上進行支持之外，還在美國國內通過多種形式來解釋他們的工作政策，說明他們不是為了給個別科學家提供支援，也不是為了仁慈。一再強調他們不是慈善會，為的是貫徹拯救科學的最高原則。所以在進入美國的時候要求就很高，經過基金會的委員們一致同意的科學家才有資格進入美國，否則就不可能。所以它拯救的都是世界一流的科學家們。這些世界一流的科學家來到美國之後每年只有四千美元的工資，而美國正常的教授每年有一萬多美元的工資。其中的差別很大，而這恰恰就是美國的基金會要達到的目的，即為了讓

美國本土的科學家們內心平衡。這讓美國本土的科學家們的自豪感油然而生，不對德國來的科學家們有什麼異議。

　　下面我們要談談三所美國的高校，他們在援助流亡科學家方面有著很積極的態度和行動。首先談談社會研究新學院，這是一所新辦的學校，所以有嶄新的面目。它的目的就是要辦一所流亡大學。在美國大學裡，如果沒有研究生院，那麼這所大學就會被定義為一個二本院校。在別人都害怕接受文科教授的時候，它大力需要，到了最後也接受理科教授。在接受的一八二位科學家中，經濟學家就有一三三名，所以它實現了美國科學院校的國際化突破。其後又接受了法國的教授們，戴高樂甚至也一度投錢給這所大學。瓦里安‧婆安瑞是哈佛大學的一名研究文學的教授，被派往法國對當地的科學家們進行援助。當時羈押在歐洲的文學家、社會學家、經濟學家全部都在他的名單中。現在，在德國還有為了紀念他而建的街道。這個人很了不起，他一共救助了六百多人。這些人被救出來之後美國還沒院校敢要，他們最後都去了這所學校，所以這所學校在美國聲名鵲起，將藝術、文科等學科建設得風生水起。到了後來，這些流亡科學家們都不願意離開，深深地感謝這位校長，要為這所學校貢獻一生。第二個是福瑞克斯特，這個人是個大教育家，他在普林斯頓搞了一個高級研究中心，將愛因斯坦、西格爾、魏格納等世界一流的科學家集中在這裡。從此以後，純粹數學的研究中心就轉移到了普林斯頓。第三個是哥倫比亞大學，它將法蘭克福研究中心的所有成員全部搬到了美國。這所學校下手非常早，是世界上當時最強大的人文社科研究中心，後來形成著名的法蘭克福學派。法蘭克福學派的領導者叫霍克海姆，這個人是馬克思主義者。在希特勒還沒有上臺的時候，他就將研究所轉移到了瑞士。但

是瑞士很荒唐，竟然不允許他在瑞士發表言論，不允許出版報紙、不許發表反希特勒的文章。他就將自己寫好的文章發表在巴黎的報紙上，結果一九四〇年的時候形勢變差，法國人也有一種綏靖政策。哥倫比亞大學就將這個研究所全部挪走，基本上都集中到了紐約。紐約是一個猶太人較集中的城市，當時紐約就有一五〇萬名猶太人。紐約當時是世界商業中心，猶太人擅長經商，所以全部聚集在這裡。法蘭克福學派就在這裡，這個學派批判存在即合理的觀點，不承認納粹的統治。裡面有很多的故事都很感人。這個學派基本上在希特勒倒臺之後都回去了，只有少部分的人已經被徹底美國化，不願意再回去。沒有回去的也成立了自己的學派，後來也成了氣候，培養了一代又一代的繼承人。除了這三所高校以外，其他的科學家就沒有這麼幸運。他們被眾多的基金會有意識、有目的地分散在美國的各個高校，怕他們不被美國化，希望他們能夠長期留在美國，為美國的繁榮昌盛貢獻力量。如果這些人集中在一起的話就會整天聯合在一起，不利於在美國的生活融合。其中表現得最明顯的是法蘭克福學派，他們不需要哥倫比亞大學發工資，因為自身有錢。在他們看來，他們只是借美國的一塊地方從事科學研究而已，一旦德國的情況有所改變，他們馬上就會離開。這也是為什麼他們後來走得很乾淨的原因。他們所用的教材都是從德國拿過來的，沒有用美國的教科書。其他的人就沒有這麼幸運了。其他的科學家分布在美國的各個學校，每個學校分布不會超過三人。

緊急委員會和洛克菲勒基金會在一九三五年的時候，曾經認為這種援助行動只會持續二年，二年之內就會結束，美國的經濟情況就會好轉。事實是兩年之後局勢更糟。說句實話，在一九三六年的時候日

子是好過了點，原因是希特勒要辦運動會。希特勒為了辦柏林奧運會，命令士兵們將牆上的反猶標語全部洗乾淨，因為有客人要來。他還組織了一支猶太人的運動隊，表明自己並沒有反猶！整齊的隊伍，團結的表像，讓外國元首們無話可說。在運動會上，德國獲得很多金牌，證明了日耳曼民族的優越。三年前還是一個被經濟危機拖累得很疲憊的國家，現在展示出新面貌，不像巴黎和美國一樣死氣沉沉。那時候希特勒還沒有開始搞侵略，氣度還是很悠然的，連蔣介石都很佩服他，還寫了一本書《世界偉人希特勒》。但等到一九三六年的運動會一完就開始侵略了。在那個時候，人們還不知道希特勒往後要幹什麼。一九三八年三月十二日，德國偷襲了奧地利，之後又佔領了蘇台德，十一月發生了「水晶之夜」。越來越多的來自德國、奧地利、捷克斯洛伐克的科學家蜂擁而至，尋求美國的幫助。而美國偏偏在一九三七年遇到了世界經濟大危機。羅斯福的新政最開始是沒有解決問題的，作用不是很大。這樣一來美國的銀根吃緊，雖然美國有眾多的援助組織，支出的錢越來越多，但是不頂用了，因為人來得實在是太多了，支撐不了。所以美國就改變政策，只支持一年的經費。但是好歹給了這些科學家一條生路，至少暫時有一個避難之所，有一個可以做科研的地方。將這一年頂過去，形勢就會好轉。所以，很多人到了美國之後再度成為失業者，導致緊急委員會的一個政策改變，讓那些獲得職位的教授們得到資助，沒有得到職位的教授們就不資助了。但是有固定崗位的人連一半都不到，等於這個援助計畫宣告失敗。總之，由緊急委員會答應的支付一半的工資的這個事情一定要改變，因為人來得太多，所以給他們的薪水逐漸減少。直到後來，法國崩潰，被閃電戰襲擊，整個西歐被德國納粹佔領。到了一九四〇年，原來基

金會拿錢安排在西歐的科學家都需要轉移到美國去。歐洲的科學家蜂擁到美國去，所以薪水急劇減少。看到歐洲的局勢變化這樣劇烈，美國收留的科學家也越來越多，這就宣告了美國孤立政策的失敗。歐洲大陸如果連英國都淪陷的話，那麼下一步就會牽涉到美國，美國是沒有辦法不被戰爭波及的。美國絕對不能讓英國倒下。這個時候就逼迫著美國徹底放棄孤立主義。同時，之前到來的科學家們，已經向美國人證明瞭自己的實力。這些人的科研潛力是如此巨大，讓美國的高校得到質的提升。寄人籬下的兩年，只有證明自己的實力，人家才會進一步收留你。當年美國本土的教授就有很多官本位的，不是很熱心於科研。這些逃亡科學家要靠自己的實力來證明自己，使得美國的知識界真正了解到德國科學家的價值。

下面我們來總結一下一九三三至一九三五年美國為了接受從納粹德國逃出的猶太科學家所做出的重大貢獻。緊急委員會接受了三三五位科學家，一共花了八十萬美元，其中有三十一點七萬美元來自紐約猶太基金會。洛克菲勒基金會接受了三〇三位科學家，花了一四一萬美元。還有一個卡爾費爾基金會，它也接受了三〇三位科學家，但是只花了三十萬美金。還有一個卡勒其基金會，總共花了十幾萬美元，以科研基金的名義向高校捐贈。我們來看看具體情況。這些基金會都是要資助三十歲以下的科學家，都不支持三十歲以上的科學家。到了一九四〇年，為了推廣這種年輕訪問學者計畫，美國的很多基金會都向高校投資。我們說愛因斯坦這樣的科學家很了不起，但是他們已經度過了他們科學研究的黃金時期。自然科學家的有效科研年齡是很重要的，這個分界線就是三十七點六歲，過了這個年齡，再獲得諾貝爾獎就比較困難。所以像愛因斯坦這樣的科學家到了美國之後沒搞什麼

大的科研，沒弄出什麼新成就，而之後在美國科學界做出重大貢獻的恰恰是年輕人。

美國當時有大大小小的基督教、天主教，共五百多家。他們動員起來之後，就完全修改了美國政策的偏差。基金會，特別是內閣會做出了很大的貢獻。還有一個著名的公司也做出了貢獻，那就是猶太人建立的好萊塢電影公司。好萊塢電影公司是當年沙皇反猶的時候從俄國跑出去的。跑到了紐約，在紐約建立了這個公司。其中好萊塢有八家分公司，其中有六家是猶太人辦的，收納了很多的文學家、藝術家。剛開始不知道怎麼寫，公司就讓他們寫自己慘痛的經歷。好萊塢就是抓住了這一點，最後就集中推出反法西斯的影片。在世界大戰期間，至少拍了一百部反法西斯影片。這些猶太人操著純正的德語，演繹了自己在納粹德國的經歷。這是電影界的一個奇跡。並且好萊塢電影公司也從原來的演繹牛仔片轉移到了演繹正義的片子，並風靡世界，幻化成人類正義的化身。

當時的美國移民是需要擔保的，科學家、文學家、藝術家、教師、新聞記者等，都需要先有擔保才可以進入美國。但是好萊塢電影公司具有收納這麼多流亡者的能力，所以大量的律師、醫生、記者、音樂家、作家、演員由於得到他們的幫助而在美國找到了避難所，並且在那裡實現了自己的價值。同時，這個公司做了很多幫助流亡者適應美國的活動，讓他們與美國的生活逐漸融合。美國也成為接受猶太知識難民最多的國家。猶太知識難民集中到來的時間是一九三三至一九四一年，到了一九四一年的時候，難民基本上就沒有了，因為歐洲已經被封鎖。希特勒的軍隊已經完全封閉了海岸線，想要離開也沒辦法。中歐猶太精英的百分之六十三以上都移民到了美國，在美國所

接受的難民中，科學家占比較高。一九三三年開始於德國大學的猶太教師清洗運動，意味著一二三年來德國大學裡堅持的科學、民主、自由等觀念的瓦解，同時也意味著德國的猶太人對中歐文化事業所做貢獻的突然終結。出逃的二千二百位德國、奧地利科學家並不代表德語世界科學潛力的全部，卻意味著德國世界文化中心地位的失落。但是流亡到美國的科學家，到了美國之後有近三分之二的人並沒有將美國作為自己的家鄉，他們仍然把英國作為自己的流亡首選地。美國的孤立主義束縛了羅斯福的行動，同時也增強了高校裡對外來科學家的恐懼症。流亡科學家要往大西洋彼岸轉移還需要諸多的條件。首要條件是流亡者的主觀願望。還要有美國大學的歡迎態度，基金會的有力支持，國際局勢造成的緊迫感，以及美國社會對外來科學家所帶來的競爭性的擔憂的排除。納粹德國在戰爭初期及戰爭中的閃電效應使得美國徹底拋棄孤立主義，同時也使得歐洲的科學家放棄了待在歐洲的計畫，這就形成了一場空前的高品質的知識難民潮。他們正是在納粹的逼迫下，依依不捨地離開了歐洲，留下了大西洋彼岸的思念。接受了這些科學家對美國意味著什麼呢？這裡我們還要提及一個人，義大利的核子物理科學家、諾貝爾獎獲得者蘿拉・貝爾。她寫了一本書叫《傑出的猶太人》，就是講這群來自歐洲的科學家們。在書中，她精確地計算過美國因為接受這些流亡科學家而付出的錢財和這些科學家們給美國帶來的利益。她這樣寫道：「在美國培養一位科學家，一直到他能夠獨立從事科研為止，平均每人需要花費四點一萬美元。這樣，接受了德國的科學家們，就意味著給美國節省了三千六百萬美元的科研培養資金。」這些數字並不能代表這些科學家們到來的價值，因為更加重要的意義在於，這些人對美國科學文化和社會根本性的促

進。這就涉及曼哈頓計畫了，以後我們有機會的話會專門談談曼哈頓計畫。今天我們就先談到這裡。我們從諾貝爾獎的獲得者的變化上可以看出他們對美國的貢獻。在一九三三年以前，美國雖然科研品質不是很高，但是有五位諾貝爾獎獲得者，但同年德國有三十二位。這場難民遷移就帶來了十幾位即將獲得諾貝爾獎的科學家。到了一九四五年的時候，德國以前的諾貝爾獎獲得者很多人已去世了。而美國這個時候猛然增加了十八位，遠遠地把德國拋在後面。美國自然科學界諾貝爾獎獲得者到今天為止已經有二百多位，這在世界上沒有人能夠追上它。這與流亡科學家到了美國之後營造出來的科研氛圍有關。流亡科學家們在人文科學領域也是大放異彩。藝術史這門學科是由流亡科學家帶到美國的。音樂學、經驗性的社會科學研究方法、多變數的數學研究等等都是他們開創的。

美國的國家經濟預算制度是由他們進行建立的，以前的美國是沒有這些的。我們還要提及他們在文化界的突出貢獻。我們要知道這批人是知識的傳播者，對美國社會產生了非常大的變化，徹底改變了美國對現代主義的看法。所以有人算過，在二十世紀三〇年代以前，先進的歐洲文化和美國文化之間有著明顯的代溝，歐洲至少比美國先進二十年。但是由於納粹的統治，由於戰爭毀滅性的影響，歐洲文化前進的步伐就受到了阻礙。美國當時一位時事評論家說道：「當二十世紀猶太人的流亡保持著連續性的時候，我們可以看見和伊斯坦丁堡陷落時相似的情景。然而當今世界的規模要大得多，文化遷出的範圍要大得多，涉及的國家要廣得多，難民們所具有的光芒要閃亮得多。這就使得我們能夠在一個樸實的起點上，追隨著先進思想和遺產而前行。歐洲先進文化給我們帶來的影響是如此的巨大，使得我們美國的

高等教育完全成熟了，我們的大學完全國際化了。」他認為這次流亡帶來的影響超越了文藝復興。一九六九年，美國公布了一份美國傑出的三百名科學家名單，裡面有二七八人是德語猶太血統的科學家，他們成為美國新科學傳統的奠基人。所有的一切都說明納粹德國的清洗運動給美國帶來了何等的利益，給德國的科學事業帶來了何等的損失。最早看到這場運動會給美國科學界帶來新的生命力的是美國的科學界，有人以這樣的話來描繪：「如果不是德國納粹的反猶運動，或者是清洗運動，就不會有這麼多高端人才離開德國來到美國貢獻力量。」正是由於美國科學界的高瞻遠矚和眾多基金會的支持，美國挽留了很多逃離德國的知識分子，使美國科學的發展產生了飛躍，完成了世界文化中心的洲際大轉移。我的報告到此結束。

2010年於華中科技大學演講
陳俞蓉根據錄音整理

中國崛起與文化自主：
一個反思性的辨析

劉　擎　華東師範大學歷史系教授

　　我今天演講的話題的提出背景是西方化發展模式出現了危機。在此狀況下，中國能否克服這種現代性危機和用自己獨特的文明方式去處理這種危機？如果中國真的能做到，那麼它對於建立一個能被世界廣泛接受的文化發展模式是非常有意義的。

　　現在中國的發展是有目共睹的，但我認為中國走得太著急了，總是把指標和資料看得高於一切。此外，我們一向提出的甚至骨子裡擁有的要超越西方的想法其實是自我焦慮的體現，是一種不自信的外露。自近代以來，中國曾長期處於弱勢地位，受西方列強的壓制，那時國人提出自主性主要是本著求生存的目的。而現在，中國提出自主性主要是想在文化上建設出一個被世界廣泛接受的發展模式，這是一個偉大的設想。

　　關於中國的這種發展模式是否獨特，最終能否超越西方的資本主義模式，這個問題提出來是要解決如何在全球化的時代體現文明的價值，如何處理中國傳統文化與西方文化的關係。其中，最關鍵的是中國要有自己的思維方式，不能只跟著西方走。也就是說，我們要有自己的文化自主性，唯有如此，才能解決中國現存的諸多問題。而中國崛起是構成文化自主性的歷史背景，目前我們要想擁有文化自主性，首先要解決兩個問題：一是我們如何解釋中國崛起的原因；二是如何

認識它對文明創造的影響。

　　也許，今後幾十年內中國人可能會一直生活在有點複雜、帶點糾葛的年代裡，或者說，面臨這種不可逃避的糾葛是我們的時代命運。因此我們需要以一種成熟的心智面對這樣一種狀態、面對這樣一個時代，這需要清醒、冷靜、審慎的思考。面對中國現在的局面，特別是崛起之後文化上的問題，我們需要以一種開放性、探索性的態度來面對。現在的中國正面臨著一個重要問題：中國的崛起會在文化上帶來什麼後果？造成何種影響？對此，我想用一種思辨的方式來思考這個問題。

　　我們知道，在轉型期，中國社會難免會存在諸多問題，比如社會分配不公、貧富差距拉大、環境破壞等方面，而表現在文化上，則突出表現為道德滑坡和價值虛無主義傾向嚴重。對於這個負面影響，我們該如何解釋。新自由主義者認為，是市場經濟不夠自由，即要求用更自由化的自由來克服這個自由化危機。而新左派認為這條路是完全錯誤的，他們認為不應該追求西方模式。

　　有學者說，中國三十多年來的改革是新自由主義改革，即放任的市場經濟。也有人批判這種觀點，認為中國不完全是新自由主義。雖然，中國的發展的確帶有新自由主義模式的特點，但中國之所以有這種發展不僅僅是外力的推動，也就是說，中國的這種發展模式可能是中國自身的獨有文化造成的結果。但這種解釋顯得曖昧不清甚至含糊模棱，並不能使我們信服。當我們把發展中的成就部分歸因於中國特色時，那麼發展中的問題呢？如果這種經濟上的崛起真的是學習西方帶來的結果，那麼我們在文化上又何談崛起呢？現在有學者是這樣解釋這個問題的，中國崛起不僅僅受西方的影響，更有中國自己的獨特

性在裡面的。但是，我們首先有一個要點要弄清，即辨識獨特性和有益性。獨特性和有益性是不同的東西，獨特性並不一定就是有好處的，所以一味強調獨特性其實並不正確。

任何國家在富強之後談文化的自主似乎很自然。一個人富裕了，大概也會在文化上有更高層次的訴求，因為人不只是生物意義的動物。更是追求精神意義的動物。正如德國思想家馬克斯·韋伯所說，人是懸掛在自己編織的意義之網上的蜘蛛，人的行為舉止都會有文化上的意義。一個國家也是如此。但是，當我們談論中國崛起，談文化自主性的時候，一直面臨西方的陰影。近代以來，這個巨大的陰影一直揮之不去。在這個背景下考慮問題，便不那麼簡單了，我們要在文化上尋求尊重和認同，必然會跟西方產生糾葛。

今天的中國在經濟上可以跟西方大國平起平坐，似乎可以喘一口氣了，因此我們在文化上力圖有所作為，也做了大量的事情。例如，在全世界辦了幾百個孔子學院，在北京辦了奧運會，在上海辦了世博會，在廣州辦了亞運會，等等。因此，我們經常會在媒體裡看到中國人的那種豪邁感和喜悅感，我不認為這只是官方的一個宣傳，這是集體的感受，在民眾當中是有共鳴的。

但是，有這麼多振奮人心的事情，也有一些人存在負面情緒。前段時間有本書很火，叫《中國不高興》，為什麼中國有這麼多好事還不高興呢？其實不高興有各種內部的原因，各種矛盾導致社會事件頻發，以至於我們經常變得很生氣、很焦躁、很鬱悶，然後就變得很糾結。

近幾年裡，比較有影響的論述中，有一種說法很吸引人，是說中國現在強大了，在文化上要有所作為，要創建一種新的文明。這種文

明在兩個意義上是重要的：一是文化自主，我們在文化上要自己做主，不要模仿西方，我們要按自己的價值觀和自己的方式來生活；第二，這樣一種中國文化，會產生一種示範性，不僅是對中國人有意義，對全世界可能都有啟示意義，會創造一種新的未來的文明。我對這樣的追求和抱負持尊敬的態度。它的意義在於，以西方文化為主導的現代生活確實有問題。雖然社會發展很快、生活很富裕，但大家都太看重錢了，比較物質主義、拜金主義，心態很焦躁，精神上也很迷茫。學術界有人認為，這是西方現代性的危機或困境。如果中國能創造出另外一種形態的文明模式，或另類現代性，能克服西方現代性的危機，那當然很了不起，不但對中國人有意義，而且對整個世界都有重要的意義。要探討這種可能性，我們首先要看這個崛起是什麼意義上的崛起，或者說崛起的原因是什麼。

也就是說，我們中國這種發展模式是否證明了我們的文化自主性，甚至超越了西方的發展模式，這是要打問號的，這種定論是為時尚早的。

新左派雖然對這種發展方式有批評，但解釋是類似的，原因在於新自由主義，全球化和市場經濟結合。左、右兩派對中國迅速發展的解釋很接近，只是對發展的後果有不同的評價判斷。自由派可能比較贊成全球化和市場化，而新左派認為進入全球資本主義的過程造成了嚴重的負面結果。

當然，最近的情況有了一些變化。新左派學者也常常被稱為「批判知識分子」，他們在二十世紀九〇年代末到二十一世紀初，一直對這種發展模式有很強烈的批判。但最近他們的批判聲音越來越淡化了，似乎越來越多地認同這種發展。所以有一次我開玩笑說：現在

「批判知識分子」失蹤了，大家都變成了「表揚知識分子」。

問題在於，如果中國的發展實際上主要是借鑑了西方的發展模式，那麼這樣的崛起在文明和文化的意義上，又有多少中國的獨特性可言呢？又如何談得上文化的自主性呢？現在有些學者提出，雖然我們借鑑了西方的市場經濟，但中國的發展在根本上不是照搬西方模式，因為中國傳統文化的因素以及社會主義文化因素，都在發展中發揮了關鍵的作用。這個解釋非常有意思，但接下來就又有了一個問題。因為批判知識分子曾經告訴我們，這個發展有很多負面的後果，如果中國元素對發展起了重要作用，那麼是否也要對發展造成的問題負責呢？

衡量一個國家的發展涉及很多方面。比如GDP，現在我們的GDP已經超過日本，成為世界第二大經濟體。但還有其他指標，比如基尼係數，這是衡量社會收入分配平等狀況的指數，這個指數越高，社會貧富差距就越大。國際組織認為，一個國家的基尼係數超過〇點四，就已經到警戒線了。大概前幾年我們已經到了〇點四八、〇點四九。在全世界有基尼係數統計的國家裡，我們已經排在前十位了，超過了所有發達資本主義國家。如果以這個指標來看待我們的發展，就會產生很大的困擾。中國的發展還帶來了其他問題，例如環境問題、誠信危機、道德滑坡等。也就是說，中國的崛起是雙面的，一方面有很偉大、很了不起的成就；另外一個方面是負面效應。

中國的發展既有借鑑，又有自己的傳統元素和獨創，那麼發展的成就和問題都有其自身內在的原因。

於是，我們就面對一個更為複雜的中國經驗，也就需要更為謹慎地面對我們一開始提出的問題：在什麼意義上我們能夠說當下的崛起

是中國的特殊經驗？這種特殊經驗是否有助於我們發展一種獨特的文化和文明。回答這樣的問題有一些重要概念需要釐清：在文化意義上，究竟什麼是中國文化？什麼是中國人？這些概念變得越來越複雜和含糊。

義大利學者葛蘭西有一段話很著名：「批判性闡述的出發點，是自覺意識到你究竟是誰，是將『認識你自己』作為迄今為止歷史過程的一種產物，這個歷史過程在你身上存積了無數痕跡，卻沒有留下一份存儲清單。因此，彙編這份清單在一開始就成為當務之急。」這段話的意思就是說你是誰，中國是什麼？是由歷史上一大串影響的痕跡沉積下來的，即歷史造就了歷史，是這些東西構成了什麼是中國、什麼是中國人。

實際上，今天所指稱的中國，不僅與先秦、漢唐時代的內涵相比已經很不同了，甚至跟晚清也是有相當大的差別。一系列重大事件都在非常深刻地重新建構中國人和中國文化，它們使得一個所謂傳統的、透明的、純粹的中國不復存在了。傳統的很多因素會不斷轉化，以各種方式對今天的中國發生影響，使中國總是在某種意義上具有中國特色。無論是文化制度安排、經濟社會方式、公共傳媒和通信，乃至日常起居飲食生活，都跟西方世界發生了千絲萬縷的連繫和糾葛。簡單地把中國與西方作為二元對立的存在，已經失去了基礎，失去了有效的解釋意義。如今的中國是多種複雜元素影響下的存在，單單用一種因素來解釋它的現狀是不可信的。

從一種反思的觀念來看中國文化和中國人，會發現它們並不是自明的概念。比如說，對於中國人這個概念，我們至少可以在六種意義上對它進行定義。第一個是實體上的中國人，做基因的分析，我們擁

有中國人特有的黑頭髮、黃皮膚等特徵。第二個是傳統文化意義上的中國人，比如說我們與儒家文化密不可分。第三個是具有現代民族意識的中國人，我們是具有主權地位的中華人民共和國的公民，對世界來說，我們是一個有主權的國家的公民。第四個是社會主義傳統意義上的中國人。第五個是經歷改革開放特別是三十多年改革實踐的中國人。第六個是對未來世界充滿想像的中國人。從這六個角度來看，會發現葛蘭西所說的那種歷史給我們的痕跡有多麼複雜，都儲存在我們身上，彼此之間也會發生緊張和衝突。那麼，你說的中國或者中國人是什麼意思呢？有些人試圖將他們所強調的中國人的一個角度，來統攝所有的方面。任何一種企圖以單一角度來統攝中國文化和中國人這兩個概念的努力，都會有一定的市場、一定的感召力，因為它會對你心中的東西有一種呼應，但是都會有問題、有麻煩，都會遭到部分歷史證據的反駁。

現在有幾種很有代表性的強國夢，他們也是以中國、中國人的自主性為訴求的。就像《中國不高興》那本書所說的，我們要跟西方有條件地決裂，要擺脫西方的影響，要做中國人。這裡所說的中國人是什麼意義上的中國人呢？是一個主權國家意義的中國人，是以這個意義來構成的中國。可是這種版本的強國夢也可能在某種意義上陷入非中國的形態。按照毛澤東的說法，我們一開始是學西方，學生向老師學，但是後來發現「老師打學生」。也就是說，為了救亡圖存，我們積極學習西方，跟西方遭遇了，遇到了老師打學生的困境。但現在學生終於強大起來了，可以跟老師對峙，甚至可以打老師，可是「打來打去就打成了一片」。因為那種與西方抗爭的方式，在文化上是非常西方的──主張實力政治（實力決定一切），弱肉強食的社會達爾文

主義等等。我們正在文化上與自己的對手同化。從儒家文化的角度來說，這種對抗的方式本身可能就是不太中國的。

　　還有人從傳統文化的角度理解中國人的意義，他們主張，就文明的自覺而言，我們不能夠從「凡是中國人的都是中國文化」這個角度來理解中國文化。比如張翔龍教授就多次說過，不少人認為只要中國還在、中國人還在、普通話還在，關於中國的學問和文化遺產還在，中國的文化傳統就還在安安穩穩地存在，他說這是一種幻覺。在他看來，簡單的強國夢不是一個中國夢，他將現在改革的困境診斷為「圖強力而放斯文」，就是說我們變得強大了，但斯文掃地。張翔龍教授經常告誡，中國傳統文化的主流正面臨斷子絕孫、無以維繫的困境。他是以傳統文明來界定中國的，也就是說，強國夢並不能標誌著中國復興。我想，不僅僅是他這樣說，而且一大批懷有中國傳統文化情懷的人也都在憂慮。這樣的憂慮不是沒有道理的。將中國的傳統，特別是儒家文化的獨特性，理解為中國之所以為中國的一種界定性特徵，是中國人自我理解的重要方面。我對這些學者的論述，既有共鳴，也有疑問。疑問在於，古代的教化、傳統的道理和道德，跟現代的中國人究竟存在怎樣的關係？中國畢竟經過近代以來那麼多巨大的變遷，我們應當如何對待現代中國的歷史？當然，我知道大多數所謂文化保守主義者不是簡單地主張復古，而是要讓古代的傳統文明因素跟現代社會融合，或者進行某種調和。但根本的問題並不容易解決，我們如何處理現代中國人的價值多樣性和自我理解的多樣性？

　　傳統社會和現代社會最大的區別在於，傳統社會基本是同質性的共同體，而現代的共同體是具有多樣性的。儒家文化怎麼對待這種差異性？如果儒家的教義和學說對現代的多樣性讓步過多，妥協或者是

調和過多，可能會喪失其獨特的道德精髓。如果要更嚴格地遵守儒家的倫理，那麼怎麼跟現代生活，特別是現代政治生活的民主制度來相容？所以，我的疑慮是，用傳統文明的特殊性來解釋中國內在的各種歧義和緊張或許會非常困難。既然沒有任何一種簡單的論述可以給我們一個能信服的、非常確定的文化認同感，那麼我們就會反復陷入長期糾葛當中，我們就會一直與自己的各種不同的歷史遺產進行對話和調整。這會是一個漫長的文化重建過程，在這個過程中，學術上的探索和研究也相當重要。於是，又涉及另外一個問題：中國的學術是否喪失了自主性？

現在有不少學者擔憂，我們的學術界西化得太厲害了。我們離開了西方的理論和術語、離開翻譯文體幾乎不能說話，不能思考問題了。所以有些學者在呼籲中國學術要體現中國的學術主體性。因為思維的方式、寫出的文章都是西方式的，學術就沒有主體性，那在文化上也就不可能獲得自主。這樣一種關懷背後的價值，是反對西方中心論，文化上與學術上的反對西方中心論是一致的。我認為大多數學者都會認同這樣一種批評，我自己都覺得是有意義的。但我的思考方式總是很糾結的，也就是說，我只是部分地表示同意和理解。在此之外，我總會提出疑問：你說的中國的學術方式、中國學術的主體性是什麼呢？

說得直白一些，在中國當代研究中，例如社會學、政治學、人類學、經濟學研究中，凡談及中國社會結構的變化，我們還沒有見到任何獨立於西方理論概念和方法的中國模式，甚至這種批判西方中心論的說法也是來自西方的。反西方中心論在近幾十年來是西方學術界的主流論述。我們談論「主體性中國」、「主權性中國」，但想一想，「主

體」和「主權」這類概念都是源自西方的。我的想法是，我們之所以無法在學術上、在文化上根本擺脫西方，建立純粹的中國模式，那是因為所謂的西方已經內在於我們的存在經驗，已經成為我們生活形式的一部分。也就是說我們跟西方已經是你中有我、我中有你，西方已經成為我們構成性的經驗。於是，要徹底擺脫西方本身就成了一個幻覺。如果沒有這樣的自覺和意識，反西方中心論雖然天天都在炒，但是最終也沒有什麼真正的建樹，反而會使它本身成為沒有什麼生產性的陳詞濫調。

針對大國崛起和文化自主，我談到的大多數是問題，或者說是對問題的反思性的辨析。那麼，我對自己提出的這些問題有沒有答案？坦白地說，我沒有完整確切的答案。今天中國的思想界似乎提供答案的人要比提出問題的人多得多。我沒有給出答案的自信。而且我相信，就學術思想的發展而言，提出問題與做出正面的論述同樣有價值。也只有那些有力地回應了質疑的論述，才是具有說服力的、可信的論述。在這個意義上，質疑也是對答案的一種貢獻。

我想，中國面對的問題很複雜、很困難、也很巨大，所以我們可能在很長的一段時期內會處在這種反復糾葛的探索狀態中。而急於擺脫這種狀態，指望有英明的先知或領袖指出一條光明大道，可能是一種幻想，是一種幼年的心態。而直面困擾，在某種不確定性中持續地探索，或許才是一種精神狀態成熟的標誌。

2010年於華中科技大學演講
朱夢珍根據錄音整理

中國文化軟實力的提升途徑

洪浚浩　美國布法羅紐約州立大學傳播系教授、
哈佛大學費正清中國研究中心研究員

　　大家都知道最近召開的黨的第十七屆六中全會專門討論了文化問題。這一次對於文化的詮釋與以前不一樣了，以前的文化注重宣傳性，從二十世紀五〇年代開始到七〇年代末八〇年代初的時候，強調文化的宣傳功能。從前幾年開始，我們著重於文化作為一種產品、一種產業的功能，文化本身還是個產品，既有政治屬性，也有商業屬性。但在這次講文化的時候，文化的內涵和概念更寬廣了，如作為政治、生活的方式和社會形態等大的方面，像我們現在講東西方文化的時候，其實是連社會體制這些問題也包括進去了。文化的概念現在越來越寬廣，也許很多人覺得沒有什麼變化，但是我們仔細回顧的話就可以感受到文化內涵在性質上的變化。我曾在中國社會科學院講了幾個題目，在清華也做了這幾個方面的演講，今天我在華中科技大學講的這個題目是圍繞著文化軟實力在國際上的影響等問題。這牽涉到幾個方面的問題，第一，什麼是實力？什麼是軟實力？什麼是文化的軟實力？第一次把這個概念引進中國的是一個學者，他當時到美國做訪問，他問我「soft power」翻譯成什麼比較好，找到一個能確切翻譯「soft power」的中文詞彙很難。我給你一個中文詞「實力」，我想大部分人不會給我「power」的英文翻譯。「strength」和「power」的區別在哪裡呢？「strength」更多的是對自己的修飾，而「power」是針

對另一方來宣示自己內在的力量。實際上在英文當中，「soft power」是對另一方而言的，而在中文裡面講實力的時候是講自己內在的一種力量。中國的途徑是通過發展文化產業來增加文化交流，通過這個途徑來增強我們的「culture soft power」。在英文詞彙中，我們很少看到「culture soft power」這個詞彙，這個詞是我們中國的。中國現在主要提文化軟實力，其他國家原來主要說軟實力，現在以美國為首的西方國家不說軟實力，而說巧實力——「smart power」。在西方主要國家中，現在不太用軟實力這個詞了。每個社會發展的階段不一樣，用的詞彙也不一樣。「soft power」也好，「smart power」也好，都是和社會的每個階段相關聯的，只有在社會的硬實力發展到一定的階段的時候，才有可能提到、討論和發展這個軟實力。對於歐美國家而言，軟實力這個概念已經過時了，但是為什麼我們還在提呢？因為我們的軟實力還有待提升，就像還有很多發展中國家根本不可能提到「soft power」，因為它們的硬實力還沒有發展到一定的階段。這幾年，中國的硬實力相對而言遠遠超過了二十年前的水準，只有當中國的硬實力發展到一定程度的時候，才有可能把提升「soft power」放到議事日程上來。軟實力不是不能提升的，中國的途徑是通過文化上的突破來提升軟實力，我們把這種軟實力叫作「文化軟實力」。軟實力其實包括很多方面，文化軟實力是其中的一個方面，而且還不能算是最主要的方面。發展「soft power」之後，就是提升我們國家總的實力。我去年十一月分去上海參加了世界中國論壇會，有一批中國的學者堅持G2（「兩國集團」）構想，爭取用二十年時間把中國建設成NO.1。現在這種論調稍微低了一點，官方不喜歡這樣說。中國能不能在二三十年內全面趕上美國？這裡面還有很多事情要做。在中國發展文化事業，

特別是文化傳播的擴大，先達到局部的發展，然後達到總體的發展，使中國成為世界強國。實際上中國已經取得了很多成就，現在黨已經把發展文化軟實力的事情放在了首位。我們從中國的傳媒航母說起，中國要建造軍事意義上真正的航空母艦以外，還要打造中國文化與傳播的航母，而且是切實地行動起來。中國在五百多個高校開設了文化傳播專業，設立了外語和新聞雙學位。中國的傳媒航母在世界上也叫巨無霸傳媒文化集團，最大的是美國的，我們總的文化產業規模不及美國的一半。現在中國要打造自己的傳媒航母，目的不是為了賺錢，而是為了提升我們的文化軟實力。最系統、最完整地提出軟實力概念的學者是喬治·奈，他是哈佛大學的一位教授。他曾經在美國政府擔任過副國務卿。美國很多政府官員都是從高校裡面走出去的，他們經常在學界和政界之間活動，經常會提出一些新的理念，這些理念可以幫助美國政府制定政治策略。喬治·奈不是最早提出軟實力的人，但是他是最系統地提出並闡釋軟實力的人。他說一個國家影響世界事務的能力就是軟實力，這種影響不是靠軍事實力、經濟援助，而是靠信譽。就是說軟實力的定義是經濟與軍事力量之外的一種影響世界的能力。我們想要提升中國的軟實力，主要目標就是建立一個和諧社會。前面說過中國目前主要就是通過發展文化產業、文化出口這種途徑來擴大文化傳播。在這種途徑的實施過程當中，中國取得了相當大的成績。在美國做研究需要很多資料，我的研究生收集了很多資料。從實證的角度看中國取得的成績，在剛剛改革開放的時候，中國文化產品的出口實際上很受限制，有經濟因素也有政治因素。文化傳播的迅速發展是從後三十年開始的，在經濟與政治改革，特別是中國加入了WTO（世界貿易組織）以後，而且更明顯的是在近幾年出現了次貸

危機以後，中國展示了自己的經濟力量。

　　關於文化產業，簡單地講一下，這個詞實際上正式出現在一九四七年的文獻當中。但是每個國家和組織對文化產業的定義不一樣，中國第一次出現這個詞是在二〇〇二年的第十個五年計劃當中，這還是很有意義的。因為它承認文化有盈利功能。文化產業包括文化產品、文化服務以及文化活動。實際上文化產業有多個層次，第一是新聞傳媒，第二是出版、版權，第三是廣播電視電影，第四是藝術和文化服務，第五是網路相關的，第六是休閒方面的，第七是文化產品等相關事物的製造與生產，第八就是這些東西的銷售。在文化發展的過程當中，有些弱項會阻礙強項的發展。今年五月分的時候，我參加了在北京召開的一個會，這個會議就是討論我國怎樣改變對世界的根本影響，如何讓中國在世界有一個好的形象問題。參加會議的有三個方面的人員，第一是中國政府主管部門的官員，第二是相關部門的主要負責人，第三就是相關的學者。做學術研究的時候需要資料來體現，從一九七一年到二〇〇九年，大家看到中國圖書的出口量增加了多少倍，就能夠看出中國在文化建設方面的成就，當然這些主要是官方行為。從一九七八年到二〇〇八年，中國出版業的價值增長相當快。這樣分析還是有一些意義的，因為西方文化在世界上最流行的是電影、電視和音樂，這些容易被接受，我國這方面在世界上的影響力相對較小。在圖書出版方面，這幾年我國的文化軟實力確實是向前發展了。我們發展最快的是版權出口。在後期分析資料的時候，我們發現其實大部分圖書出口到了一些亞洲的國家和地區了，而我們實際的目的是在世界主流國家中增加中國的影響。中國雜誌的出口情況實際上不是很好，報紙出口量一直在下降。

CRI（中國國際廣播電臺）從二〇〇五年到二〇一〇年在海外建立了五十多個電臺，絕大部分建立在非洲國家。我們真正想改變中國形象被扭曲的情況，實際上並非在於這些地區，而是在於發達國家，而恰恰在這些地方我們做得很少。前段時間，我們開了一個內部的小會議，就提到今年中國宣傳片的效果問題。在這種情況下，CRI也是取得了很大的成績。在這裡說明一下，中國國際廣播電臺對內，即對中國人是開放的。但是美國憲法規定美國之音不能對內廣播，因為美國之音是美國政府所擁有的，其目的是對外宣傳美國的政治理念和文化價值觀，等等。電視節目的出口從一九八七年到二〇〇九年數量變化相當大，我們主要出口《李小龍傳奇》、《西遊記》、《天仙配》、《喬家大院》等，主要出口到華人市場去了。動漫的出口數量和價值也在不斷上升，實際上動漫這幾年抓出口是做得很好的。但是中國電影這幾年在海外的口碑越來越差，不光是專業人士這麼認為，普通百姓也是這麼認為。中國電影在海外評價最好的時候是張藝謀前期的幾部片子，主要是因為有人物、有故事、有形象。儘管現在票房提升了，但現在電影的口碑不是很好。

還有就是中國語言的對外推廣，大家聽到較多的就是孔子學院了。中國採取了一系列措施來推進孔子學院的建立，截至二〇〇九年，中國在世界上建立了將近三百所孔子學院。孔子學院有二十七所在亞洲，有十五所在非洲，有九十四所在歐洲的二十九個國家，有八十七所在美洲，有二所在澳大利亞。從發展的數字上看取得了相當大的成績，但是我們還面臨著很多挑戰。我們輸出的文化產品主要在宣揚、傳播一種文化價值或文化理念。這實際上不明確，我們顯然不可能去傳播一些政治理念。孔子學院恰恰不傳播儒家思想，孔子學院

名義上是孔子學院，但是孔子學院只教中文。派出去的都是懂英文和中文的老師，他們對孔子的思想並不是很了解，所有專案的展開也並非傳播儒家思想。在東西方文化交流的時候，有些學者提出美國在中國沒有進行所謂的文化傳播，而中國在美國有將近一百所孔子學院。中國的大學願意在外面開辦學院，我國政府花大量的資金在這個上面。我聽說一些在孔子學院任教的教師或者工作人員待遇都相當高，所以孔子學院發展得很快。但是有學者就提出疑問，孔子學院能不能起到傳播中國文化的作用。換句話說，中國如今在美國有將近一百所孔子學院，美國在中國沒有一所這樣的學院，但是哪一方產生的文化影響更大呢？還是美國更大一些。直到現在還是這種情況，並沒有逆轉過來。那麼為什麼他們的文化有更大的影響呢？這就取決於其文化價值觀被大多數人所接受。

在任何水準層面的傳播行為都必須具備以下三個方面的因素。第一是傳播的管道，中國這方面在這幾年取得了相當大的成功。第二是傳播的內容，有了管道還得有東西傳播出去，這方面我們還有提升的空間。在這裡我舉兩個列子，第一個是這幾年中國電影在海外的評價越來越差，因為老是這麼打來打去，看到後面沒什麼新的內容了。還有一個是CNC，CNC是全球性衛星電視系統，我們打造這個東西是為了和CNN匹敵。CNN是美國有線電視網，它在全世界一八○多個國家有節目。其實日本本來想做東方的全球電視網，但是後來放棄了，因為即使技術上可以做到，但是內容上匱乏。中國現在已經做起來了，在海外看CNC的電視節目，我可以坦率地告訴你，令人很失望，因為它沒有什麼新內容，基本上就是把新聞聯播裡面的一些東西重新播放一遍。第三，也是最重要的，就是產生傳播效果。從產生傳

播效果的角度來說，在這方面要達到我們所期望的程度，需要做的事情就更多了。前面已經說到，我們在有些國家的影響是好上加好、錦上添花；但更重要的是那些對我們不了解的國家，讓這些不了解中國的國家對我們有比較完整的了解，正是我們需要努力改進的。中國宣傳片雖然有讓人不太滿意之處，但是我們不能停止，還需要繼續去做。還要看到，我們現在取得一些成績主要還是因為這是一個政府行為，如果沒有政府的支撐，完全靠我們的文化影響力到世界的市場上競爭，就會很困難。我們現在還不需要去競爭，不用考慮核算問題。如果完全靠文化商業公司去做這樣的事情會很困難。這幾年，如果把我們出口的情況和西方產品進口的情況相比，實際上我們還存在很大的文化赤字。我們現在出口歐美的東西只占到它們出口我們的十分之一，就像我們出口了一個文化產品，實際上我們已經進口了十個文化產品。

一個國家軟實力的內涵，實際上遠遠不止文化這一個層面。文化本身只是一個方面，文化產品本身就不是一個主體，它只是一個載體，需要一個核心價值觀的東西附加在上面。一個國家的主流意識形態所代表的價值觀是軟實力的最主要的一個方面；另外一個方面，就是一個國家的核心文化吸引力，你的文化到底要靠什麼吸引人家，是靠武術還是靠雜技呢？顯然不僅僅是這些方面。一個國家奉行的外交政策所呈現的道義力量，在處理與其他國家的關係時所表現出的親和力，等等，這些都是軟實力的一些方面。大家都知道我們一直在討論中國模式：第一，存不存在中國模式？第二，什麼是中國模式？中國模式在什麼情況下才會被其他國家所承認和推廣？還包括一個國家對國際遊戲規則，包括國際規範、國際標準、國際機制的導向制定和控

制能力。前面講到的是國際輿論對這個國家的國際形象的認可程度。最後一個方面，但不是最重要的一個方面，就是國際輿論對這個國家公民所展現出來的素質的認可程度，這一點恐怕對中國來說恰恰是很重要的一點。這幾年，中國人中出國的人越來越多，但是中國人的國際形象是在下降的。儘管我們的經濟實力大大增強，我們的軍事實力大大增強，我們在積極地推廣文化軟實力，但是我們在國際上的形象是下降的。什麼東西導致形象下降呢？不是紐約廣場的中國宣傳片，主要是越來越多的外國人親身接觸到中國的國民。在新加坡、馬來西亞的海邊有天然公園，沙灘上經常有一些小的海洋動物，中國人去了以後就把小動物帶走，這些東西是不准被帶走的。他們以前對中國人的印象是中性的，現在反而變壞了。新加坡、日本、韓國在極其注重個人素質的情況下提升了國家的軟實力，想到這些國家就想到其國民的素質，想到其國民的素質就想到其國家。印度人的整體形象在國際上也不怎麼好，我去年六月分去了印度，發現印度和中國是不能比的，它的社會的硬體要比中國落後一百年。但是印度還是值得去的，因為印度的文化還是比較豐富、燦爛的。印度再怎麼努力提升文化軟實力，充其量只能提高百分之三十，百分之七十是要通過這個國家人民的實際行為來體現這種實力。公民的素質是提升一個國家軟實力的一個非常重要的手段，尤其是在現在的中國。

最後用幾句話總結一下，提升軟實力的途徑是有多個方面的。文化是軟實力的一個方面，我們現在把文化作為切入口已經取得了很大的成績，但是以文化作為切入點的三步當中我們只走出了第一步。在管道方面我們有了很大的成績，但在內容上我們有很多地方要改進，在效果上要改進的地方更多。文化產品本身就是一個載體，而不是一

個主體，不是說推出了文化產品就建立了你的文化影響力。就中國目前來講，我覺得最重要的一點就是我們整個國家的公民素質的提高，提高以後，我們每個人出去給人家的感覺就是很有力量的。

2011年於華中科技大學演講

陳晨晨根據錄音整理

世界與中國都面臨轉折

資中筠　中國社會科學院研究員

現在放眼全球，我們這個世界很不太平，這裡發生危機，那裡發生暴力，好像硝煙不斷，到底應該怎樣看待這個問題呢？我們的世界到底要走向哪裡？

▌ 一、方今世界格局取決於國家內部的變化

在人類幾千年的文明史中，世界從來就沒有消停過，隔三岔五地就會發生戰爭，要麼就發生革命，這是很正常的現象，並不是現在特別不太平，起碼現在沒有什麼大的戰爭。現在發生的各種各樣的危機、動亂、社會動盪也好，到底是怎麼樣的一個情況？我覺得跟過去相比，我們這個時代有一個特點：過去常常是一個世界的格局，大國之間戰爭打了以後有敗有勝，最後大家根據當時的力量對比，達成一個協議，也就形成一個新格局。比如對於研究國際關係史的人來說，比較著名的有《威斯特伐利亞和約》定下來的國際格局；二戰以後就是《雅爾塔條約》，雅爾塔格局，也維持了很長時間。這些都跟打仗有關係，打完了以後，再根據主要的力量之間的平衡達成一個協議，等於是瓜分世界勢力範圍。但是現在跟以前有一個很大的不同，就是一個重要的國家或者一個主要的地區，其國內的變化會改變世界格局，而不是通過國家之間打仗來改變國際格局。特別是由於有了原子

彈之後，大國之間的戰爭，特別是核大國之間的戰爭，幾乎是不能想像的。除非哪個國家的領導突然發瘋了，一般情況下，你別看言辭激烈，搞得劍拔弩張，基本上核戰爭，核大國之間的戰爭是打不起來的。因此改變世界格局的不應該是，也不可能是大國之間的戰爭，而是哪個地區和哪個國家內部之間的變化。從雅爾塔格局來看，就是美、英、蘇三個大國，在二戰結束的前夕，根據當時它們已經達到的勢力範圍，簽訂的一個條約形成的格局。第一個對這個格局形成部分調整的事件，是一九四九年中國共產黨領導的革命的勝利。在一九四五年他們簽訂《雅爾塔條約》的時候，中國等於是在美國這邊的勢力範圍內，但是等到中國共產黨領導的革命勝利，就變成了屬於蘇聯這個陣營的。這是一個微調，不過基本上沒有改變大格局，因為主要劃分是在歐洲。從根本上改變了雅爾塔格局的，是二十世紀八〇年代末九〇年代初的蘇聯解體、東歐劇變。整個世界的格局就完全改變了。這就是國家的內部變化改變了世界格局。這不是哪個國家和哪個國家打仗改變的，而且也不能夠說，都是帝國主義陰謀顛覆、外部干涉的結果。包括現在各個地區、各國的內部矛盾，主要都是內部的力量造成的，外部的力量最多是加以利用，或者插一手。

▌ 二、歐洲的福利制度面臨的問題

那麼現在我們再來看看世界幾大地區。一個就是西亞、非洲，從埃及到巴基斯坦這一塊兒，不斷地動盪，都是由於它們自己內部的矛盾。各個國家、各個地區都有它們不同的矛盾，但是在這些地區主要都是反專制、反獨裁、反腐敗、反對社會不公等這些矛盾引起的，不像過去這些地區的教派鬥爭。反專制、反腐敗是肯定的，但是並不等

於說，再建立新政權一定能解決這些問題，一定會更加民主、更加人道、更加現代化、更加平等。反對的力量本身也不理想，甚至更加落後。那麼西亞、非洲這部分地區，反完了之後就會馬上有一個更加現代化的新政權？不一定，可能會有一個非常曲折的過程。

對於歐洲和美國之類比較發達的地區，我們現在看到的問題，一個是金融危機，一個是社會的很多矛盾。成熟的民主國家，他們現在所面臨的根本問題，宏觀來講還是資本主義的基本矛盾，就是資本和勞動者之間的矛盾。將近二百年來，歐洲和美國在解決這個問題上已經相當努力了，他們已經建立了相當可靠的安全網，有了福利國家，有了一套機制來解決這個矛盾。包括工會和自發的博弈，每隔一段時間，勞資之間就討價還價一次。政府也通過立法和規章制度來遏制資本的貪婪，這些機制和法律，已經相當成熟了。那麼現在到了新的階段，這些東西又發生了新的問題。對於歐洲來說，我認為相當多的歐洲國家，福利制度用累進稅，平均分配醫療保險和教育，本意是很好的，但是發展到今天出現了弊病：一個是福利制度尾大不掉，妨礙了效率，妨礙了競爭機制。也就是有好多法律是鼓勵人們不工作的，其結果就是不能刺激人們工作的積極性。還有就是他們的法律制定得特別死板，比如說沒有特殊的原因不能解僱員工。這個跟美國不太一樣，歐洲國家要想解僱一個員工是非常困難的，除非有非常特殊的原因。要是你效率不高工作不積極，是不能算一個理由的。這樣的話結果受害的是誰呢？受害的是還沒有工作的國民，因為企業不能解僱，就不能夠雇傭新人，這樣的話就使資方不願意雇傭新人，使失業率居高不下。很多政治家都知道需要改革，但是他們這種改革是寸步難行的，因為他們稍微要改變一下現行福利制度，馬上就有罷工潮，好幾

次都是如此。像法國，因為養老金，政府負債太多了，考慮延長退休年齡，方案剛一提出，馬上就有人開始罷工了，有些還沒有工作、還沒有畢業的學生也加入罷課遊行。這種文化已經在他們國家的觀念裡根深蒂固，但是歸根結底還是政客在利用。很多政客都有一批工會的力量在後面，所以凡是執政黨提出來的方案，反對黨就煽動工會的人出來反對。這種情況受害的主要還是中產階級，就是好好工作，收入還算不錯，但絕不是大資本家的那批人。大資本家是不在乎的，他們有幾十億的資產，稅率高一點也對他們沒什麼影響。但是一個教授，他的累進稅扣掉了以後，和講師也差不多了，這當然不公平。這些是每一個國家都應該研究的具體問題，不是絕對的、根本性的危機。

現在歐盟還碰到一個問題，一些經濟表現不好的國家，在扯全體的後腿。這個問題我覺得是因為它們發展擴張太快，因為歐盟的成立的基礎是在大家都發展水準差不多，制度、文化也差不多的情況下，聯合起來的。分久必合，歐盟本來是一個非常偉大的創舉，但是這個過程是不會很順利的，它肯定還會有很多問題，這是歐洲現在所面臨的問題。

▌三、美國兩極分化尖銳化和虛擬經濟的畸形發達造成新的危機

那麼美國現在面臨什麼問題呢？美國二百年以來一直在不斷改革，一直在探索公平和效率之間如何取得一個平衡，美國在這方面一直做得還不錯，它的福利還沒有影響效率。但是從二十世紀七〇年代以後，貧富差距越來越大了，社會的不平等越來越嚴重，又到了新的必須改革的時期。美國的這個制度的自我糾錯機制是比較強的，因為它有各種條件使得各種力量在裡面互相博弈，到了一定程度政府就要

出面，遏制一下那個最強勢的。例如二十世紀初出臺反壟斷法和一系列保護勞工權利的法律。現在碰到了幾個新的因素。一個新的因素是全球化的背景。過去沒有這樣的全球化，雖然也有國際貿易、出口、進口等等，但是總體而言，經濟實體是在一個國家裡頭，所以這些矛盾都是在一個國家內解決。現在的矛盾是在全球化背景下產生的，有一個特點：資本是可以自由流通的，勞動力是不可以自由流通的。在這種情況之下，本來比如說美國的勞工和資本方之間已經有了一個框架，每到一定的時候勞工不滿意了，就罷工或者提出來一些抗議性的口號，或者是要求跟資方談判。現在資本可以流通到其他國家，就是說你罷工，對我沒有威脅了，我就可以解雇你，我投資到中國去，還有其他的國家。中國是首選地，因為中國的人實在太多了，影響力就大了。所以前些年我們看到的就是跨國資本在中國，使用中國的廉價勞動力。而且中國是低監管，比如說其他國家有對關於環保的要求、關於勞保的要求等，但是在中國要求較低。資本就可以不顧國內勞工的不滿，這就削弱了美國國內勞工的談判權，從而也削弱了美國的自我糾錯機制。因為美國的自我糾錯機制建立在勞資平衡的基礎上，勞工在法律上有保證，完全有結社的自由、有罷工的自由、有談判的自由，但是他們的罷工已經威脅不到資方了，在這種情況下，國內的勞工談判權就削弱了。

還有一個新的因素，虛擬經濟大大脫離了實體經濟。過去二百多年來，美國華爾街的金融危機不知道每隔多少年就會來一次，最長的繁榮大概也就持續十幾年到二十年，每次危機後怎麼復甦呢？依靠新的產業的出現。新科技發明帶動了新的實體經濟出現，於是就使得股市的泡沫結束了。出現一個新的特別賺錢的產業，大家都去投資，買

著買著就買過了，股價虛高到一定程度，脫離了原來的產業表現，又開始發生危機了。然後大家就紛紛賣掉這個股票，又跌價了。然後下一步，又有新的產業，周而復始。例如，在十九世紀，開始的時候鐵路發展特別賺錢，下一個就是電信，等等。二十世紀末的新興產業是IT業，然後IT業也發生了泡沫。所以我們看到，實際上這個循環的經濟危機是螺旋式上升的，每一次經濟危機帶動新的經濟出現，所以這麼多年來美國的經濟快速發展。不光是美國，歐洲經濟也是這樣發展壯大的。必須要有實體經濟來帶動、結束泡沫。現在的問題就是虛擬經濟太發達，金融衍生品也越來越厲害，一直到最後，投資者與原來的創始資本隔了六層甚至十層。這就離實體經濟越來越遠遠。在正常情況下，公司業績表現好的時候股價就上升，表現差的時候股價就下降。現在股價的上升和下跌跟公司的表現沒有關係了，那些華爾街的大佬們發明了一批又一批的衍生品，忽悠公眾。所以還得靠一個新的產業才能真正復蘇。現在還產生一個新的特別賺錢的階層，就是各個大企業的高管。過去賺錢的是大老闆，誰投資誰賺錢。而現在，這些高管操縱他人的資本，炒高股票而不必改善產品，自己也從中得利。這些都說明他們的經濟體制離公平漸遠，除了勞工這方面的公平之外，即使在資本市場裡面也離公平很遠。有識之士已經意識到這種深刻的危機，正在醞釀新的改革。

▌四、中國面臨各種問題，使得「制度改革」刻不容緩

再接下來就要講到中國了。中國國內也有很多矛盾、很多問題，但是跟歐美不在一個水準上，也就是說各自的發展階段不一樣。就像西亞、非洲那塊，他們就是另外一個發展階段，跟中國也不在一個水

準上，各自有各自的問題。歐美發達國家遇到的問題是後工業化、後現代問題，中國現在遇到的問題是工業化還沒有很全面完成，一隻腳卻被迫跨入了後現代。現代化市場經濟尚不成熟，這完全是另外一個發展階段的問題，在制度層面和發達國家不在一個水準上。所以我們不能說看到了二〇〇八年的國際金融危機，認為我們這邊風景獨好，別的國家產生了金融危機，民主國家受到影響，而中國好像安然度過，沒有受到衝擊，所以說明中國的發展模式特別好，並引申到說明民主制度不好。二〇〇八至二〇〇九年，關於中國模式，連外國人都在稱讚。可是到今天這樣相信的人數正在減少，看到現實，看到將來的危機會越來越多。

現在我們面臨的問題光是發展經濟這一面也是難以為繼的。我們一來就說GDP位於世界第二。中國人就喜歡排名次，從一年級排到大學，自己過得好就算了，還一天到晚去跟人家比。因為從歷史上來看，中國光計算GDP的話，一八九五年中國GDP就超過了日本，還是照樣被人家打敗了。辛亥革命後，一二十年代的時候，中國的GDP僅次於英美，高於法國、德國、日本，然而當時的中國還是一個貧弱的國家，阻止不了日本大舉入侵中國。這就必須要用清醒的頭腦來看待中國的經濟發展。中國這些年的經濟發展確實非常快，特別是城市面貌的改變非常了不起。但中國取得這麼大的成就，也付出了非常巨大的代價。單位產品的能耗比別的國家要高出好幾倍。此外，就是破壞環境，環境的破壞簡直令人觸目驚心。發生了一些惡性事件，但是環境治理能力還特別弱。還有一個就是我們靠的是廉價的勞動力，我剛才說美國得益於全球化賺了好多好多錢。中國也得益於全球化，中國賣給人家的產品，中國改革開放以來，靠的是什麼？靠的

是歐美的市場，所以如果它們衰退了、購買力下降了，我們國家的經濟也馬上會出問題。很多人認為我們在全球化過程中受了剝削、吃虧了，其實中國在全球化過程中的得益是最大的。但是中國的問題在於什麼呢？在得益之後誰分大頭誰分小頭？美國也有這個問題，但是美國後來為什麼凸顯出來了？因為勞工心裡不滿就上街遊行反對。還有就是因為他們原來生活水準比較高，有保障。中國為什麼顯示不出來？因為中國人原來太窮了，底層勞工即使在整個大蛋糕裡面爭得了一點點的利益，也比以前要好得多。所以不管進城的農民工受到怎樣的歧視和不平等的待遇，他們還是比在農村的時候能賺更多的錢，賺到錢之後他們就能夠使得下一代受教育了。所以開始的這一代勞動力，現在已經四十幾歲的人，還是覺得他們的生活是改善了。但是下一代二十幾歲的人，他們的機遇就沒有這麼好，而且他們的參照系也不是像過去那樣的貧窮狀況。他要橫向比較，眼界也打開了，他就一定會感覺到這種不公平，而且這種感受會越來越強烈，所以中國現在所面臨的問題是不容忽視的。

現在最重要的問題是制度的問題，制度的改革刻不容緩。有很多人喜歡拿文化說事兒，我覺得文化是非常重要的，而且文化問題也很多，但是當前中國更重要的是制度問題。比如說毒大米、毒奶粉、毒膠囊，這些問題大家當然都可以罵，道德敗壞，黑心商人，怎麼能夠做出這樣傷天害理的事情？這確實是道德問題，但現在已經不是大家提高道德修養就可以消滅這種現象。這是一個制度的問題，我不是說道德不重要，但是如果從小看到的事情都是這樣的話，就薰陶不出高尚的道德來。所以現在一些人大講文化，我覺得就是有意掩蓋制度的問題。如果法律健全起來，嚴懲造假、做壞事的人，普遍的道德水準

自然就會得到提升。大家感覺到，我要是做壞事就會遭到法律懲罰。首先他由於怕犯法就不會做，然後慢慢地自然成為一個守法的人。全社會守法成風，人的道德水準自然會提高。但是首先要有嚴格的法治，使壞人得到懲處，好人得到好報，才能鼓勵人做好事。所以為什麼我們國家領導人提出來說我們改革刻不容緩，一再提出制度需要改革。他們作為執政的一方，一定也體會到有些制度非改不可，否則好的政策很難推行。所以我們作為受過高等教育的人，特別應該用冷靜的頭腦思考，下一步怎樣建立我們的法治國家，用理性來思考，爭取實現這樣的一個社會。

▌五、科學與人類

　　還有一個更大的主題就是科學與人類。現在各個企業在社會責任方面進入了一個新的階段，就是必須不能以破壞環境為代價來發展經濟了。科學造福人類還是禍害人類的問題，二十世紀初就有人提出來了。提出者是科學家尤恩，他既是數學家又是機械工程師，同時他還是破譯密碼的一個專家。在他的晚年，他說了一句振聾發聵的話：「人類在還沒有掌握自己之前，就先掌控了自然；先具備了掌控自然的能力，這個事情將要引起不可控制的後果。」實際上科技是人類發明的，也掌握在人類手中。我認為科技對人類的破壞，一個就是軍備競賽，大家拼命用科技來改善自己國家的殺人武器，軍備競賽其實是異化了的科技；第二個就是破壞環境，用各種各樣的方法把整個生物鏈都給破壞了。本來造物主把世界創造出來就只有一個完整的生物鏈，並且有一個循環，但是現在也被破壞了。所以我覺得，簡單地說起來，在全球化的背景之下，假如各國的有遠見的政治家和企業家能

夠幡然悔悟，就是不要把自己的聰明才幹和所有的能力都用在研製新式武器上，而是用來研究跟環保有關係的東西，比如說清潔能源，還有其他各個方面的環保材料等等，才可以扭轉生態的惡性循環。可以把國際軍備競賽改成良性的，在環保問題上良性合作，這個是有指望的，有可能會成為拯救人類的一個努力。中國自從有了四大發明以後，大概有一千多年沒有再對人類做出有劃時代意義的貢獻。主要是別的國家發明了以後，中國改善一下，做一些新的補充。例如別人創造了數位經濟，我們做軟體可以做得更好，但是軟體的概念我們以前沒有，是別人發明的。那麼我希望在環保這一塊上，中國人還是有機會為世界、為人類做出重大貢獻。你們是學理工的，我希望你們這些學習理工的人，能夠考慮一下這個問題，將來在選擇職業的時候，進行發明創造的時候，能考慮到保衛地球、保衛人類之類的問題。

2012年於華中科技大學演講

梁青根據錄音整理

風靡天下中華瓷
——傳奇的陶瓷之路的故事

湯書昆　中國科技大學教授

　　我們說「風靡天下中華瓷」，大家看這個題目，我們沒有說「風靡天下中華陶瓷」，我待會兒會講到，為什麼會這樣。副標題是「傳奇的陶瓷之路的故事」，我們中國人比較熟悉的是絲綢之路，但是事實上，在東西方文明交流的歷史上，陶瓷之路所產生的影響，一點都不亞於絲綢之路。只不過，絲綢之路很多是從陸地上走的，陶瓷之路很多是從海上走的。大家知道陶瓷很容易破碎，所以呢，我們所知道的這個絲綢之路是我們今天帶有非常強的迷幻色彩的西域的這條路，而陶瓷之路的主體是通過海洋，這兩條路是完全不同的。包括中國人和外國人，都寫了很多發生在絲綢之路上的故事，其實在陶瓷之路這條海洋線上，有長達一千多年的時間，有非常多的故事和知識內容。

　　我們現在看到左邊有一隻瓶子，塗有霽藍色的釉，然後刻了一條白色的龍。這只瓶子收藏在江蘇省揚州市的博物館，全世界這樣的瓶子現在一共有二件。大家可能比較熟悉的是在倫敦拍賣的元青花鬼穀子下山圖罐，在若干年前拍了二個多億，那這件東西呢，比元青花鬼穀子下山圖罐要珍貴得多，而且它的價格也一定會更高。它們的年代是一樣的，都屬於元代。大家知道元代是一個草原上的民族建立的帝國，事實上我們可以看到元代人做的霽藍釉白龍瓶非常精緻。那我們今天的瓷器能不能做到這個水準呢？不敢說。

我要說的包括三個部分：第一個是瓷的起源與材料；第二個是陶瓷之路的故事與天下流行的消費；第三個是歐洲千餘年的困惑與偉大發明的外傳。

　　可能跟我們通常理解的陶瓷不一樣，我對陶瓷的理解通常是從三個角度來說。第一個，它是一個標準的世界級的高新技術；第二個，它是在中古以及近古的時候，全世界最著名的貿易商品之一；第三個，它是一種著名的藝術品。那我們通常會理解到第三個，陶瓷嘛，藝術品加生活用品，實際上我們這裡特別要強調的還有前面的兩層意思。

　　可能在中國的歷史上，在中西方交流史上，像陶瓷這樣的貿易產品是很少的，真正達到這個程度的中國古代的外銷產品有三種：茶葉、陶瓷和絲綢。所謂的四大發明，都不是重要的貿易產品。火藥、指南針、造紙術、印刷術，它們是技術性的智慧財產權，並不是重要的大宗貿易產品。我們並沒有在這樣一個四大發明的產權中形成多大的貿易額。但是我們剛講的這三個都形成了世界級的貿易。中國在古代為什麼富強？除了我們自給自足之外，我們的對外貿易，人家都是逆差，通過對外貿易使得中國非常富強，成為東方一個最強盛的國家。通過對外貿易，中國其實從事了很多商務活動。

　　我們先來看看瓷的起源與材料。中國成熟瓷器的發源地在浙江余姚的上林湖一帶。不知道有沒有人看過余秋雨先生的《文化苦旅》，余先生就是上林湖邊上的人。他在書中曾經講過一個故事：有一年在上海，因為他當時是上海戲劇學院的院長，有日本人過來交流，交流的時候就問：「余先生的老家哪裡啊？」餘秋雨說：「我的老家在浙江余姚。」而這些日本人呢，正好剛剛去過中國瓷器的發源地，他們

就覺得，哎呀，你太幸福了，生活在這樣一個我們都很敬仰的地方。余先生在他的文章裡就寫了他小時經常帶小夥伴們在上林湖邊上撿碎瓷片打水漂，日本人感到無限的羨慕，覺得他真的幸福，拿這種國寶打水漂。

我們再往下看，這個瓷器年代大概有多久呢？已經有一八○○年左右。上林湖的瓷就屬於越窯，我們說的中國第一個大的瓷器系統就是中國的越窯，也就是說大概在一八○○年前，我國就已經生產出了標準的瓷器。

瓷器是中國的偉大發明，但陶器不是。陶和瓷完全是兩類東西。全世界各個地方都有陶，幾乎在每一個早期的文明當中都能發現陶，但在每一個早期文明當中都找不到瓷，只有在中國的早期文明當中才能找到瓷。最早在商朝的時候我國就已經有原始瓷的存在。在江蘇的無錫，至少在東漢，我們已經有了較成熟的瓷器產品。陶和瓷是兩個不同的東西，陶是在全世界各個地方獨立發展起來的，每一個文明地區都有獨立發展的陶。

我們知道，在英文裡面，表示「瓷器」的單詞之一為「china」，同時也是表示「中國」（China）的單詞，所以我們叫中華瓷國是有道理的。那麼為什麼叫「china」呢？有一種說法是：我們中國最有名的瓷都在景德鎮。景德鎮的發育是在唐王朝，那時正是中國開始大規模對外開展貿易的時候。唐代的首都長安是全世界第一大城市，而且是國際化的大都市。唐王朝的很多人都不是漢族人，包括皇帝李世民，李世民是羌族的，來自隴西李姓。安史之亂的兩大主角安祿山、史思明都是來自我們所說的波斯、西亞地區。他們都不是中原人，不要說漢族人了，他們都是標準的雇傭軍。安祿山的軍隊很多都是來自

中亞和西亞的雇傭軍。

　　那我們回過頭來說為什麼叫「china」。景德鎮是什麼時候開始叫這個名字的呢？在景德年間，宋真宗看上了這個地方，所以就冠上了「景德鎮」這個名號，是中國四大鎮之一。在這之前景德鎮叫什麼呢？叫昌南鎮，是昌江之南的一個大的聚落。那我們現在可以認為，有一種說法就是，「china」就是「昌南」的音譯，所以它也是瓷器的代名詞。昌南是中國的瓷都，這也是主流的一種說法。我要講這個的意思就是，在古代，在西方人的眼中，他們覺得中國跟瓷器的獨特關係。大家知道，在漢代，他們稱中國為「賽里斯國」，那是絲綢的意思。在漢代，中國的絲綢銷到羅馬，那個時候漢王朝被稱為賽里斯國。那麼到唐宋的時候，它便開始叫瓷器之國，叫「China」。說明當瓷器這樣一個體系起來之後，在外國人的眼中，覺得中國這樣一個很遙遠的國家，跟瓷器的關係是非常密切的。我們可以再慢慢往下來理解這個問題。

　　我們來看第二幅圖，元代的影青釉觀音，產自景德鎮。大家可以看到，它無論是做工還是塑造的能力都是非常高超的，同時它的質感，並不是裝飾性的而是內置性的質感。做瓷這樣一種技術，中國在世界上領先了一七〇〇年左右，是中國的專有技術。全世界當時各個國家都有研究，但是都沒有研究出來怎麼做瓷器，一直到文藝復興、工業革命的時候，西方才有所突破。瓷是標準的高新技術，這一項技術壟斷和領先了全世界約一七〇〇年，所以我們說，在中國璀璨的文明當中，有三條最主要的文化貿易產品線：第一個是陶瓷之路，第二個是絲綢之路，第三個是茶葉之路。這些都對人類文明產生了非常大的影響。它的影響一點都不亞于四大發明。因為我們也參與過四大發

明的一些研究性的工作，我們發現，從中國的角度來說，對東西方交流來說，可能這三項比四大發明還要重要。我們知道，絲綢之路，有中國人、外國人寫的書、拍的電影。關於陶瓷之路，日本的三上次男在幾十年前拍了大型電視紀錄片並寫了一本書叫《陶瓷之路》。

我們在右邊看到的這幅圖叫廣彩人物花瓶，它是乾隆年間的出產物。大家看到這個花瓶上的人物形象有點像油畫，雖然畫的是中國的題材，它繪畫的方式也不是中國寫意畫的方式，它是水粉畫和油畫的方式。大家知道，在清代的時候有著名的做外貿的地方，叫十三行，在廣州。之所以設置十三行，是我們需要引進外來的東西，也要通過十三行把中國的東西賣出去。廣彩瓷器當年是在景德鎮燒的白胎，之後拉到廣州當時的洋行街，請接受過西洋繪畫訓練的技師來畫圖。為什麼呢？中國人畫的水墨老外理解不了，所以需要採用他們能理解的繪畫方式。就要找傳教士教，因為當時中國的留學生很少，還不會畫這種畫。十九世紀，有一個美國的傳教士寫了一個回憶錄，他說，他當年在洋行街的一間繪瓷工廠的車間看到正在工作的有兩百多人，全部在畫畫。那只是其中的一間，你就可以知道當年的量有多大，可以知道瓷器是當年的大宗貿易產品。這些都是當年國際貿易中非常引人注目的事件。

人們通常講的陶瓷工藝包含了兩個非常不同的部分。第一個部分是陶。大家知道陶的生成溫度很低，通常為三百至六百度，高的可達九百度。在自然火或者生活用火的條件下，很容易將黏土燒結為陶器。陶的原材料很簡單，就是黏土，只是不同的黏土與溫度燒出來的陶器顏色不一樣，比如灰陶、紅陶。燒陶也不一定需要窯爐，過去燒陶在地下挖一個坑，在坑裡燒火，把捏成型的東西放進去就可以了，

這就是地穴式的燒法。陶是很容易燒製的，為什麼全世界每個文明中都有陶，都獨立發展出了陶文化，就是因為它的材料非常容易得到，黏土就行，燒成溫度不是很高，生活用火和自然火都有可能燒成。

但是瓷就比較複雜。瓷的製作技術要求很高，這個高新技術也不容易破解。瓷器的製作條件是這樣的，它有兩種配方。一種叫一元配方，一元配方要找到一種很特別的礦土或者礦石（叫磁石），磁石在自然界中是不多見的。還有一種二元配方，是磁石加上高嶺土，高嶺土也是很少的。二者的區別就是，用一元配方，如果用磁石，燒出來的就是中低溫瓷；如果加高嶺土，燒出來的就是高溫瓷。如果用一元配方，燒的溫度不能太高，一般來說，超過一二六〇度就會影響瓷的生產。如果想要燒到高溫瓷，就需要達到一三六〇度至一三八〇度。如果說你要燒高溫瓷，就必須用二元配方。二元配方就更麻煩了，它是由兩種稀少的礦物材料組成的。

瓷器在燒製條件上也比較嚴格，自然火與生活用火很難達到瓷器的燒成溫度。大家知道，燒製瓷器的正常溫度為一千一百度至一千四百度。這個溫度在日常生活中是不太可能達到的。低溫瓷沒有金屬碰撞的聲音，只有高溫瓷才會有叮噹作響的聲音，因為燒結的密度不一樣。

中國高溫瓷的燒製技術和配方領先了世界約一七〇〇年。在這約一七〇〇年間，只有很少的國家獲得了這個技術，第一個獲得的國家是高麗。在宋代的時候，高麗青瓷的水準就已經非常高。二元配方使瓷器進入了精緻審美的境界，第一是聲音，第二是質感，第三是緻密度與精密度。二元配方加上高溫使中國的瓷器出現了一種非常特別的氣象。其實不僅僅是高麗，之後的越南、緬甸、泰國、日本都先後掌

握了中國燒製瓷器的技術，但是高溫瓷器的燒製技術只有高麗掌握了。

現在我們看明代永樂年間青花靈芝紋花口托盤。這種青花瓷器有玉質的感覺，敲起來叮噹作響，它整個的釉面像玉一樣。我們今天雖然燒窯設施進步了，但是反而燒不出來了。為什麼呢？因為這個必須要用柴窯才能燒製出來，但是我們今天都很少會用柴窯，而是流行用燃氣窯，因為方便高效。柴窯燒瓷的成功率比燃氣窯低很多。一直到今天，景德鎮還保留著幾個柴窯，但是能燒的就一個大師傅帶不多的徒弟。我們知道，要燒出這樣一種晶瑩剔透的瓷器，像玉一樣的，它其實是要在柴窯體系裡面燒的。所以你就會知道，雖然今天我們技術進步了，但是當代的瓷器在質感方面比不上古代的柴窯瓷器。

中國瓷器的標準起源年代是東漢。下面看到的是東漢越窯青瓷的四系壺。一元配方，但是燒製的溫度在一千二百度以上，溫度很高，敲起來叮噹作響。東漢晚期，上虞的小仙壇出土的越窯青瓷在材料和燒製技術上已經達到瓷器的公認標準。唐代的時候，中國的瓷器燒製已經很成熟，而且產量也很大。

現在我們來看越窯青瓷的代表性作品——唐代越窯的秘色瓷。在陶瓷界，一直有很多爭議，什麼叫秘色瓷？秘在什麼地方？有人說是當時吳越王偷偷上供的，但是這也說不通。那麼這個秘色瓷到底是一個什麼東西呢？最後理解出這種秘色瓷的「秘」是「神秘」的意思，就是說這種顏色很難說清楚。一直到二十世紀八〇年代，陝西法門寺的一座寶塔，有一天半夜，有一道閃電，一下把這個塔劈了一道裂縫，就露出了唐代皇室的地宮，這裡面最有名的就是釋迦牟尼的真身舍利。然後就在這裡找到了大概十四件秘色瓷。裡面有檔記載了秘色

瓷的顏色，秘色這種顏色確實很難燒，我們今天燒青瓷也燒不出來。其實這也提供給我們一種思考問題的角度，為什麼當今技術不斷發展，而我們古時高超的技藝卻保存不下來呢？

現在我們講第二個部分，陶瓷之路的故事與天下流行的消費。因為我們要避免大家只把陶瓷當作一種藝術品、工藝品，我現在要講的是，它是非常重要的貿易品和商品，它對中國和世界的影響都非常大。這是江西的吉州窯的一個剪紙貼花瓷。吉州窯有幾個很特別的東西，一個叫樹葉盞，它是用真的樹葉燒的，樹葉在燒掉以後有一個金色的經脈留在瓷上，燒製好的瓷器用來喝茶。剪紙貼花已經開始具有一種很時髦的裝飾性。

我們接下來看這樣一幅圖，這是鄭和船隊航海的示意圖。鄭和下西洋多次，就打過一次大仗，還是中國人打中國人。他的船隊是當時全世界最強大的。鄭和下西洋帶了很多東西，包括絲綢、茶葉和陶瓷。所以沿路他跟各個國家進行交易，帶回了世界各國的東西，也把中國的東西帶給了世界各國。這是中國很重要的貿易往來，後來的萬國來朝也是一種體現。

這是約一七〇〇年前的越窯的青瓷燈，你覺得它的創意多好？像這樣一種設計是非常見水準的，我們現在也很少有人能設計出這種樣式。就算拿到景德鎮也不能保證有幾個人能做得出來。現在我們來看唐代主要的外銷瓷器，主要的是越窯的青瓷；北方邢窯的白瓷，主要在邯鄲一帶；長沙窯的彩繪瓷，大量外銷。中國一直都是南青北白的傳統，並沒有發現二者的融合，這是什麼原因呢？這是一個值得我們思考的問題。

我們現在看晚唐邢窯的白瓷穿帶壺。邢窯的東西是最難看懂的，

因為它沒有任何的刻畫和圖案，它是純粹的一個造型，就是白瓷，什麼都沒有。長沙窯是彩繪瓷，有一個很特別的現象，長沙窯的圖案裡面有很多取材于中亞、西亞諸國。就像唐代的泉州，是當時中國的第一大港口，泉州的海關的關長是阿拉伯人，主要面向整個南洋和西洋。長沙窯的另一個特點是，製作者喜歡在上面寫詩。《全唐詩》沒有收錄的唐詩在長沙窯裡面發現了若干首。開始有彩繪和詩詞是長沙窯比較特別的一點。青瓷和白瓷都是純色的。

宋代，龍泉青瓷、景德鎮德化白瓷開始大規模外銷。從元代開始，中國瓷器從素裝的階段轉變為繪畫的階段，以後中國瓷器是以繪畫見長的。在元之前，它主要是靠質感來取勝，之後則是這樣一種彩繪的、融入了中國書畫的一種藝術瓷。

從元代到晚清，都是以青花和粉彩作為主要的瓷器，開始還是一種顏色，以後就越來越多，直至五彩斑斕。後面越來越複雜，然後審美水準就越來越低了，使得本來簡潔有質的東西變得越來越擁塞了。尤其從乾隆以後，乾隆的審美水準真的不高。這是康熙青花五彩人物將軍罐，關於戲曲人物的。

最後有個表格，內容是主要的外銷瓷種類。唐代主銷的是越窯青瓷和邢窯白瓷，次銷的是長沙窯彩繪瓷，以及浙江與華北的黑釉瓷。宋代主銷的是龍泉青瓷及德化白瓷，次銷的是天目黑釉瓷（主要銷往日本）。日本人特別喜歡天目黑釉瓷。如今日本茶道用的最好的茶碗，用的就是建窯的黑瓷。因為日本人現在喝的是茶粉，我國宋代的時候喝的也是茶粉，一直到明代朱元璋頒布了一個詔令後，我國民眾才開始喝茶葉。唐代和宋代喝的都是茶粉，但是唐代的茶粉是煮的，宋代的茶粉是泡的。他們的喝茶方式跟我們今天完全不一樣。吉州窯

瓷也主要銷往日本，以茶碗為主。元代的時候，主銷的是龍泉青瓷和青花瓷，次銷的是青白瓷。明代的時候，主銷的是青花瓷、五彩瓷和龍泉青瓷，次銷的是德化白瓷。清代的時候，主銷的是青花瓷、粉彩瓷和廣彩瓷，次銷的是德化白瓷。

現在我用一種瓷來講，從海底沉船的遺址中見證中國瓷器的巨大影響力。我們來看看當年的外銷和貿易的盛況。我們以宋朝龍泉青瓷為例，這是南宋青瓷的粉青瓶。

現在找到的有大規模遺存的地方是日本四十個左右的縣市。日本的縣相當於我們的省，它幾乎覆蓋了全日本。一九七六至一九七七年，在韓國的新安海域撈出了一艘沉船，其中撈出龍泉青瓷三四〇六件，總共撈出的中國瓷器達十萬件。韓國專門為這個新安沉船建了一個博物館，叫新安沉船博物館，還出了一本新安沉船的圖錄。

一九一二至一九二〇年，英國考古隊在古開羅遺址發現了近百萬陶瓷碎片。蘇丹，今天我們覺得是一個很荒蕪的地方，其現存遺址中，中國陶瓷的碎片隨處可見。東非，衣索比亞，索馬里，肯亞，坦尚尼亞……發現中國瓷器的遺址多達上百處。這麼多的遺址說明，當年運到非洲的瓷器是非常多的。

土耳其伊斯坦布爾的皇宮博物館，保存有一千多件龍泉青瓷。在土耳其的民間也有很多中國瓷器。西亞的龍泉青瓷的遺存主要出現在伊朗及波斯灣沿岸的國家和地區，在伊拉克等國家和地區都有，敘利亞、黎巴嫩、沙特等也有很多瓷器的遺存。

在阿富汗的巴米揚舊址也找到很多龍泉青瓷的遺存，巴基斯坦的班布林廢港遺址上幾乎遍地都是中國的瓷器碎片。越南、馬來西亞、印尼、印度、斯里蘭卡等都有很多的瓷器碎片。麻六甲海峽海底的沉

船裡有很多中國瓷器。當地人民下海打撈，建了一個海撈瓷器博物館。

　　再晚一點我們就能看出外銷瓷器的銷量之大和對世界影響之大。荷蘭東印度公司的記錄本，從一六〇二年到一六四四年，僅它一家販賣到印尼各島上的瓷器，就在四二〇萬件以上。當時不僅僅是荷蘭人在運，中國人在運，其他各國的人也在運。從一六〇五年到一六六一年，大概五十幾年的時間，荷蘭東印度公司一共運銷了五百萬件以上的中國瓷器前往印度、緬甸、斯里蘭卡、伊朗等地。荷蘭東印度公司僅是當年做國際貿易的公司之一。外銷瓷回流的也很多，現在有很多外銷瓷的拍賣專場。

　　文藝復興時期，中國精美絕倫的瓷器傾倒了歐洲的皇室貴族。這裡面有個非常有名的故事。號稱太陽王的路易十四是當時歐洲最富有的皇帝，他要買中國的瓷器，到了買多了最後付不起錢的程度，就是所謂的貿易逆差。買多了以後，就在皇宮裡面把他的金銀器熔化了，然後鑄成金錠、銀錠來支付購買中國瓷器的錢。一直到一五一七年，葡萄牙人才開闢了從好望角開往印度的航路。十八世紀百年間，根據記載，中國有六千萬件以上的瓷器運到歐洲，主要銷往南歐、西歐和北歐。當年的歐洲，誰有瓷器就代表身分高貴，有品位。更進一步的就是專門建立中國瓷器陳列館。路易十四在著名的凡爾賽宮的鏡廳及瓷宮當中專門建了中國瓷器陳列館。

　　第三個部分，歐洲千餘年的困惑與偉大發明的外傳。除中國之外，只有日本、朝鮮、越南等少數幾個國家掌握了製瓷的技術，但是其中只有高麗掌握了高溫瓷的製作技術。這個就是宋代的高麗青瓷。馬可‧波羅的遊記中就提到過中國瓷器的相關內容，但歐洲人認為他

是個騙子，所以錯失了獲得制瓷技術的機會。

在文藝復興以後，歐洲人開始自行研究制瓷技術，他們猜想中國的高溫瓷像玻璃和琉璃，這是歐洲的強項。德國、法國和捷克是煉琉璃最強的。此外，瓷器很貴重，那麼歐洲關於這方面的強項就是煉金。所以歐洲人研究瓷器就從這兩方面開始著手。但是他們一開始就走錯了方向，經過一系列的實驗都沒能得出結果。法國傳教士佩里・昂特雷科萊，中文名為殷弘緒，受羅馬教皇的指派，於一七〇五年來到江西景德鎮擔任該教區的主教。七年之後，他寄出了一封長信，相當於一篇關於陶瓷的研究報告，送回了法國。一七一六年，這封長信在法國的雜誌上公布，由此，中國的瓷器工藝就被公之於世。此後，殷弘緒又寄回了第二封長信，之後歐洲的制瓷技術高速發展。十九世紀末二十世紀初，中國的瓷器在貿易上就已經不具有代表性了。英國、德國、法國、美國、日本的瓷器開始成為世界五強。

2012年於華中科技大學演講

曾妙根據錄音整理

文化與藝術

「美在關係」的理論構建

童慶炳　北京師範大學教授

　　同學們晚上好！今天非常高興能來到華中科技大學和同學們一起來探討學術問題，這個學術問題就是美是什麼，或者說人類的審美根源是如何形成的。其實審美是我們每天都會遇到的問題，在北京，「審美」這個詞非常流行，還有一家叫作「審美」的連鎖理髮店。但審美是什麼呢？美是什麼呢？這個年輕而又古老的命題至今沒有一個人能給出完全讓大家認同的答案，沒有一個大家認為是科學而有深度的答案，所以我覺得在如今這個時代對這個問題進行探討是很有意義的。審美問題不是小事，審美是關係到人的全面發展的大事。美是什麼呢？對於這個問題的解答，有三個層次：第一，從美的對象的角度來解答；第二，從美的素質的角度來解答；第三，從美的本質的角度來解答。第一個層次是講美的物件。美的物件是什麼意思呢？當我們說什麼是美，比如湖北是一個千湖之省很美，武漢很美，珞珈山很美，喻家山也很美，我們這樣回答時，是從美的物件這個層次來回答的。第二個層次是講美的素質，當我們回答美是什麼時，會說美是對稱，美是和諧，美是韻律，美是錯落有致，美是黃金分割。當我們這樣回答的時候，是從美的素質的角度來回答的。第三個層次是從美的本質的角度來解答美所形成的根源，這是對美的問題的一種哲學的探討。對美的本質的探討已經有很長時間了，歷朝歷代中外美學家都做

出了多樣的回答，今天我們很難對大家完成這樣一種羅列，我們僅就二十世紀五〇年代美學大討論中提出的五種美論進行探討。

　　五種美論的第一種是馬克思主義理論家蔡儀先生提出來的，他認為美是客觀的。必須有客體的、自然的、社會的事物的存在，才有美，離開了這種客體的存在就沒有美，所以美的本質是客觀的，這是他的第一種回答。但是他的第一種回答立刻遭到了別人的批評，認為這種美學沒有把人擺進去，這是一種見物不見人的美學，難道美的問題可以離開人而存在嗎？就像東湖沒有人來欣賞，那麼東湖是美的嗎？所以大家認為這種看法是不正確的。於是第二種理論就認為美是主觀的，是山東大學的呂熒教授提出的。你覺得珞珈山美就是美的，覺得不美就是不美的，完全是一種主觀的判斷，與客體沒有關係。這個時候出現了第三種理論，朱光潛先生提出美是主觀與客觀的統一，先要有社會的、自然的存在物，這是客觀的，同時欣賞者主體這種主觀的認識，與物構成互動。看起來似乎把片面的觀點統一起來了，但是朱光潛先生的這種美論很快又被另一種美論超越了，而且是被一個年輕人超越的。這個年輕人當時是北京大學哲學系三年級的學生，這個學生就是李澤厚。如果說美是客觀的、美是主觀的、美是主觀與客觀的統一是從認識論的角度來說美，那麼李澤厚是從馬克思主義實踐論的角度來回答美的問題。他認為馬克思說過的一句話是非常重要的：人要認識世界，但更重要的是要改造世界。什麼是改造世界呢，就是要通過實踐來改造世界，美就在實踐中。因此他的答案是美是自然的人化，這個自然是客體的，經過人的實踐改造了自然，和自然形成了一種關係，當時他認為實踐論是高於認識論的。但我的老師黃藥眠先生曾做了一個學術報告，提出了第五種美論，他認為美是評價。

他從馬克思主義價值論裡汲取了養料，認為美是一種評價，就是說物件有價值性，人需要有價值觀，當我們用價值觀去評價物件的價值性的時候，美就形成了。所以在二十世紀五〇年代有五種美論。除了這五種美論之外，世界上比較有名的美論還有三種：一是狄德羅的美是關係，或者說美在關係；第二種是德國哲學家康得提出的美是無功利的判斷，就是說美是一種判斷，但是它是無功利的；第三種是美是理念的感性顯現，這是黑格爾提出的。「理念」是世界的最後的決定性的東西，是一種看不見、摸不著的絕對的東西，世界上萬事萬物最終都是由理念所產生的，美是這種理念感性的、形象的、具體的顯現。理念相對來說不好理解，同學們可以把它看作推動世界的第一要素，也可以說理念就是上帝，看不見、摸不著。在西方關於美的解釋就是這樣的，下面重點回到我們的主題——「美在關係」。

狄德羅是一個百科全書式的學者，是十八世紀啟蒙主義思想家。在他的著作中，有一篇關於美學的論文——《美之根源及性質的哲學研究》。在這篇論文中，他提出了美是一種關係組合，所以他說不論關係是什麼，組成美的就是關係，美總是隨著關係的產生而產生、增長而增長、變化而變化，消退而消退。比如「讓他去死吧」這句話，大家覺得不美，大家還不知道這句話出自誰的口，是在怎樣的環境下說出的，不知道話語的具體語境和關係，是不能判斷這句話到底美不美的。那麼，這句話到底出自哪裡呢？這是狄德羅舉的一個例子。法國古典主義劇作家高乃依的一個劇本叫《賀拉斯》，劇本中，老賀拉斯有三個兒子和一個女兒。有一次羅馬遭到敵人的侵略，老賀拉斯非常熱愛自己的祖國——羅馬，因此他把他的三個兒子和一個女兒都送上了戰場，讓他們為祖國而戰。不幸的是兩個兒子很快就陣亡了，一

個兒子負傷，在返回家的路上，女兒更是飛快地向他報告哥哥去世的消息。老賀拉斯沉思片刻，對他的女兒說：「不要叫他回來了，讓他去死吧！」這句話在這個語境下是美的，因為它表達出了賀拉斯熱愛祖國的精神，為了羅馬的獨立和榮譽，寧願讓他的親生兒子去死，為祖國而犧牲。這種無私的愛國感情是非常崇高而偉大的。但如果我們把同樣一句話放到滑稽作家的小說中，也許這句話就變得不美了。這就是狄德羅講的美是在關係中。我舉一個例子，「群雞正亂叫」。大家覺得這是一首詩嗎？大家覺得不是，但是我告訴你們這出自唐代詩人杜甫的《羌村三首》第三首的第一句：「群雞正亂叫，客至雞鬥爭。」原來是在安史之亂將要平息的時候，杜甫回到了自己的家鄉，他的鄉親拿著酒肉來看望他，可是他院子裡的雞正在亂叫，所以他把雞趕上樹木，把父老鄉親迎進來。「群雞正亂叫」是他對和平生活的一種嚮往、一種享受。所以這是一句真正的詩。對於美的判斷，要考慮他在自然整體中的位置，要整體地看，不要孤立地看。所以在西方美學史上，狄德羅的美在關係理論一直佔據著重要的地位，它的好處在不是把美孤立起來理解，而是把美和別的事物連繫起來理解。美在關係中，因此美具有相對的性質。當然，狄德羅的理論也有其局限性，在於他考慮美的問題只考慮美的存在物自身的比例關係以及存在物與環境的關係，沒有更多地考慮這個存在物和人的關係，這是他的美論的一個很大的缺陷。因此他的美論是需要發展的，是需要理論建構的。

　　中國古代也存在著美在關係理論的幼芽。早在戰國時期，莊子就在《天運》中講了西施顰眉的故事，「西施病心而顰其里」，醜女東施看西施顰眉非常美，便學她捧心皺眉，鄰居們見了卻閉門不出。東

施只知道西施皺眉頭美卻不知道西施為什麼皺眉頭美，西施顰眉和西施整體的美形成了一種和諧的關係，因而是美的，在這裡就有美在關係的幼芽。而比狄德羅早兩千年的淮南王劉安在《淮南子》裡說，女子面頰上的酒窩在面頰上是非常好看的，如果酒窩長在額頭上就很醜了，酒窩不是跟面部而是和頭部構成關係，那麼立刻就由美變得不美了。又說刺繡要是繡在衣服上，那是很美的，如果繡在帽子上便會受到別人的譏笑，因為我國古代對帽子的樣子有嚴格的規定。唐代的柳宗元在他的文章《馬退山茅亭記》寫自己和他的朋友一起去浙江馬退山去遊覽，描寫蘭亭的時候說「美不自美，因人而彰」。美不會自己彰顯出美來，如果王羲之沒有遊覽蘭亭，那麼它的美麗會被埋沒。這是中國古典美論的體現，美是建立在與人的關係上的，如果離開了人的欣賞，就無所謂美。「美不自美，因人而彰」，「彰」是彰顯，也可引申為喚醒、發現。在沒有人的情況下無論是多麼美的景致，它都停留在睡眠的狀態中而毫無聲息。所以古人對美有了很好的解釋，尤其是柳宗元的觀點是很值得我們稱道的。

那麼，美是什麼呢？二十世紀五〇年代的大討論首要的問題就是它的提法不科學，它提的是美的本質是什麼。沒有一個孤立的客觀存在的美，美是人的一種活動，離開了人就沒有美，因此應該把美的本質是什麼的命題改造成形成審美的根源是什麼才是比較科學的。但是，總體來說，我認為美在關係的命題是有意義的，問題在於如何形成新的理論建構。以上都是前人的評述，下面講一下我的觀點。

我認為形成審美的根源是複雜的關係系統，原來形成審美的根源要有三個層面，即主體層面、客體層面、仲介層面。這三個層面要形成關係，主體和客體之間要形成一種互動的關係，要形成互動的關係

需要仲介層面，因此仲介層面是非常重要的。首先我們來講一講主體層面。形成審美的根源，從主體層面來說有四點：第一，有賴於人性的覺醒，或者說有賴於人性心理的覺醒；第二，有賴於人的實踐的深入；第三，有賴於人的心理機制的充分活躍；第四，有賴於人的審美能力的形成。

美有賴於人性的覺醒。為什麼不先講客體而先講主體呢，因為在我的理解中，審美是人的一種高級的精神活動，因此首先必須講人，然後才能講物。首先要講人性心理的覺醒，當人還沒有成為人的時候，世界上有沒有美呢？其實是沒有的。比如說孔雀開屏，大家說很美，但孔雀開屏對誰來說是美的呢？是對人來說它很美，孔雀開屏完全是一種求偶的生理活動，動物是沒有美的意識的，因此要有人性心理的覺醒。再如原始社會的人有性欲、性的活動，是完全生物性的，但是這種活動經過千萬年的實踐，終於把性慾和性的活動提升為一種愛情，這個時候我們才能說愛情是美麗的，愛情是可以欣賞的。陸機的《文賦》中說：「悲落葉於勁秋，喜柔條於芳春。」到了秋天，滿地的黃葉使我們的內心感到悲傷，春天來到的時候柳條在微風中搖曳著使我們感到欣喜。這都是人性心理的表現，離開了人性心理，也就無所謂悲和喜。

美有賴於人的實踐活動的深入。人類在改造自然和社會的過程中掌握了事物的發展規律，這就有了真；人類作為主體把所掌握的規律運用于創造幸福的事業中去，從而達到了預想的目的，這就有了善；當真和善達到一致和諧的時候，也就達到了合目的性和合規律性的統一的關係，這就產生了審美。舉一個例子，一個海邊的農民創造了一個果園，那麼這個農民是覺得大海更美還是果園更美呢？農民不能理

解那些千辛萬苦來到海邊卻只為看看大海的人，他覺得自己的果園才是最美的，因為他的果園經過了他的精心侍弄，付出了很多心血。在農夫心中，大海只是客觀的自然，而果園是他實踐的結果，是實踐產生了審美。

美有賴於人的心理機制的充分活躍。人的心理機制包括很多要素，比如注意、感知、回憶、表像、聯想、情感、想像、理解等等。只有人的心理機制高度地活躍起來了，事物的美才能夠呈現在我們面前。比如我們欣賞漢代的古詩，這是前四句：「步出城東門，遙望江南路。前日風雪中，故人從此去。」這首詩寫得非常好，但是你能欣賞這首詩嗎？你必須把你全部的想像力、聯想力都調動起來，投入到對這首詩的欣賞中去。

另外，美有賴於人的審美能力的形成。馬克思講，欣賞音樂要有音樂的耳朵，如果沒有音樂的耳朵，再美的音樂對人也沒有意義。所以主體的審美能力也是構成美的根源的條件。

然後，我們再來講講客體層面。大家會說客體層面是不是講客體本身的和諧、韻律、對稱、均衡、多樣統一、錯落有致、黃金分割這些條件呢？這些東西都是表面的，對客體來說重要的是整體結構關係，是客觀物件的整體結構關係。這個問題最早是由奧地利的心理學家艾倫貝斯提出來的，他演奏六個樂音的曲子會有這樣或那樣的變化，這個時候一定有比六個樂音的總和更多的東西決定了它的整體——格式塔質。格式塔質可以被理解為整體的、結構的關係質。那麼，主體和客體怎樣才能形成一種互動的關係呢，這裡要有仲介層，正是這個仲介層讓主體和客體形成了一種互動的關係。仲介層有兩個仲介，第一個仲介被稱為時空心境仲介，用心理學的術語說叫心理生

活空間，人們不是在任何時間、任何空間都可以審美的。人是有需要的，需要是按照一定的結構形成的，最基本的需要是生理需要和安全需要，然後是歸屬與愛的需要，中層的是尊重的需要、自我實現的需要，最高層的才是認識與理解的需要和審美的需要。第二個仲介是歷史文化的積澱，沒有歷史文化知識的人所欣賞到的美是很有限的，因為每個人在欣賞事物前就有了前鑒。前鑒就是在欣賞事物之前心理上所做的準備，美不美並不是由眼前所受到的刺激決定的。今天的講座的結論為，審美是在複雜的關係系統中，只有當人具有了上述四個條件，客體又具有了整體的結構關係，處於合適的條件下，人們又有歷史文化積澱，審美就產生了。我就講到這裡，謝謝大家！

2010年於華中科技大學演講
龔穎迪根據錄音整理

多元文化和傳統藝術的突圍

傅　謹　中國戲曲學院教授

　　感謝各位在百忙之中來聽這次講座，我們來談論一下多元文化和傳統藝術的突圍。在中華文化發展史的背景下來看世界文化的現狀。將現代文化定義為一個多元文化，是因為在此前世界上的文化是被分成一個個群落的，在發展過程中都形成了各具特色的文化圈。在一個世紀以前，人們看待世界的時候都是以自我為中心的，人們在看待事物的時候都是以自己為出發點。中國之所以在古代被稱為中國，是因為視周邊地區為夷狄。不僅中國人這樣，西方人也是如此。從古希臘以來，在很長一段時間裡，希臘人都覺得希臘是世界文化中心，除了他們以外，別的都是其他。到了十六世紀還是如此，黑格爾在寫世界史的時候，他眼中西方的歷史就是世界的歷史。所以「中心」和「其他」就是長期以來人們形成的世界觀。但是這樣的觀點隨著科技的發展，漸漸地發生了變化。我們感受到了西方文化對我們產生的影響和衝擊。在西方文化強力傳播的過程中，我們感受到了壓力，因為我們在長期以來都將自身的文化視為中心，不存在多個文化並存的局面。很多有民族情緒的學者稱：二十一世紀是中國的世紀。這種說法很激動人心，但這就是一個典型的一元文化觀的表現。認為風水輪流轉，現在是中華文化佔據世界的時候了，全世界人都要學習中文，都要看中國的眼色行事。但是這樣的時代已經過去，世界的文化觀、世界觀

發生了根本的變化，一元中心的世界觀開始崩潰。這個世界的文化是如此的精彩和不同，很難用一種文化去覆蓋。

各種文化的碰撞和交流增多，人文學家、哲學家、知識分子開始感到世界上的文化是如此不同，他們開始思考人類文化的走向。美國著名學者潘金頓提出「文明的衝突」這個概念。這個概念剛被提出時並不被很多學者所接受，因為這樣的說法就是將中國文化和西方文化對立起來，將來會產生激烈的衝突。「文明的衝突」的說法對我們國家的崛起似乎很不利，但是這些年來的發展證明了這個說法的正確性。我們知道以色列和巴勒斯坦的衝突就意味著兩種文化的衝突。我們看到的地緣、石油都是表面現象，真正的原因是文化的衝突。這個世界往哪個方向發展才會更加美好，好的發展方向的標誌之一就是各種文明之間相互尊重和相互影響。不管哪種文化有多優秀，期望全世界都向著一個文化方向發展是不可能的。期望全世界都遵循一種價值觀，都用一種生活方式去生活，那就意味著戰爭。人類要發展就必須摒棄原來的一元文化觀。多元文化的關鍵所在就是承認對方文化的合理性，相互包容。這種想法在二十世紀八〇年代以後逐漸為更多人所接受。

如今，多元文化觀得到更多人的接受，人們會更加平心靜氣地去認識那些和我們不一樣的文明，不會因為膚色、宗教信仰、生活方式的不同而有所抵制。聯合國教科文組織在世界範圍內推動世界文化遺產認定，即意味著一種新的世界觀的出現。這表明他們認同除西方以外其他國家的文化遺產也是人類的共同遺產。每個國家留下來的文化遺產對全世界來說都有價值，每個國家都應該去保護本國的傳統文化和文化遺產。在一九九〇年以後，聯合國又開始了口頭文化遺產認定

工作，後來將口頭文化遺產改稱非物質文化遺產，現在各國已經形成了非物質文化遺產「申遺」熱潮。這標誌著人們不僅僅把房子、文物這樣的物質性的建築作為遺產，而且把保留在每個人身上的情感表達當作是永恆的文化遺產。我國已經開始慶祝世界非物質文化遺產日，全國各大城市都在舉辦聯合國的世界非物質文化遺產日活動。非物質文化遺產包括我們生產生活中的一些儀式，具有我們每個人獨特的記憶，並且這種記憶是具有文化內涵的。這種文化不能完全以記憶的方式去傳承。比如剪紙，最近得到人們的關注，因為人們看到這不僅是一門世代相傳的技術，還是一種對傳統文化的傳承。還有我們各個地方的戲劇表演，不管是昆曲還是京劇，這種表演藝術必須靠人們的身體進行傳承。很多人說我們現在的高科技可以將這些藝術原封不動地記錄下來，然而即使我們將這些藝術記錄下來，它們也不是非物質文化遺產。因為真正的非物質文化遺產是保留在人身上的記憶。只要沒有人，就不存在非物質文化遺產。全世界範圍內都是這樣的，所有的民族在發展過程中都有自己獨特的觀念、發展方式，每一個民族的文化傳承都需要人的參與。聯合國教科文組織推動這項工作，就表明每一個人擁有的文化是全人類所擁有的文化。在文化遺產保護公約的制定過程中，我們可以看出文化是如何改變著我們的民族、國家。在相當長的一段時間裡面我們和外部世界是保持著一種對立的姿態的，但是在文化多樣性的立場上，我們第一次和世界主流聲音達到了一致。

強調文化多樣性，期待這個世界變得更加多元。但是文化多樣化並不能解決一切問題，我們還需要看看文化多樣化給我們帶來的諸多問題。

問題一是為了傳播的順暢，它犧牲了文化中最重要的內涵。這是

文化工業帶來的一個極為明顯的弊端。以美國文化為代表的文化工業正在全世界範圍內發展，文化工業的背後隱藏著巨大的利益，所有的文化企業都是為了在文化中汲取巨大利益而存在的。在這個時代，文化越來越成為一個賺錢的工具，是一個獲取超額利潤的行業。世界上賺錢的行業很多。但是當一個行業利潤很高，就會導致投資的傾斜，傾斜發展到一定程度就會出現競爭，這就會使得平均利潤大大降低。在世界範圍內，資本流動如此迅速，使得每個行業變成高額利潤都越來越不可能，但是在這樣的背景下，文化行業成為一個例外。文化行業是一個風險極大的行業，它為人們製造精神享受。一些愛好藝術的人期望用藝術來賺錢，人們看到很多一夜暴富的神話。這種神話出現的背後，是有千千萬萬的藝術流浪者。北京有很多有藝術造詣的「北漂」，都期待著一夜成名，在北京艱難地尋找機會。一個藝術工作者的成名是以大量的犧牲者為前提的。成名不僅需要特殊的天賦，還需要特殊的機遇。好萊塢大片掙錢的神話，我們看到的只是冰山一角，在好萊塢公司名下投資的電影千千萬萬，投入的金錢和人力也是不可估量的。文化行業是一個很殘酷的行業，掙錢不易。要讓資本得到最多的回報，就必須挖空心思去吸引人們的眼球。好萊塢電影要保證全世界的人都喜歡，就要尋求一種所有人都接受的文化。一種事物要得到所有的人的承認，首先就必須保證讓我們每個人都不討厭。好萊塢需要既有趣味，又要不讓所有人討厭。需要平均趣味，就像美國的速食一樣，所有人都可以接受，但是不要期待在速食店吃到美味。好萊塢提供的東西就像是速食一樣，看起來挺美味，符合世界人們的口味，但是沒有個性和特點。一個片子如果冒犯了中國人，那就意味著失去十三億人的市場。文化工業在世界範圍內的傳播，其首要的目標

就是要削平不同的文化。文化工業的出現就是要將人類的趣味壓扁。這就是文化工業背後隱藏的秘密。從根本上說，前衛和時尚是一組反義詞，當使用前衛的時候就沒有時尚。所謂前衛就是和別人不同，時尚則是一種流行趨勢。在文化行業，將時尚裝扮成前衛，悄悄地將文化特性給抹殺了。在文化多元的時代，文化行業利用了這種特徵大行其道。比如李安的《臥虎藏龍》，一部武俠電影能夠在世界範圍內得到那麼多人的關注和認同，說明它是一部很成功的電影。然而，這不是中國的武俠，這與中國人的武俠有很大的不同。他的電影將武俠裡很重要的東西都處理得輕描淡寫、表面化。同時也正是由於處理得這麼輕飄飄才得到了世界範圍內的認可。金庸武俠是西方人看不懂的，而李安的處理使得西方人能夠看得懂中國的武俠。將中國武俠的內核消除，同時呈現出一種花團錦簇的表象，是這部電影成功的關鍵。好萊塢的其他作品無不如此。義大利的歌劇被稱作世界上最優秀的歌劇而傳播各國，但是義大利歌劇在推向世界的過程中也正在走向死亡。它已經完全不是義大利的藝術了，它與義大利的那片土地已經沒有多少連繫了，已經變成一種純粹的演唱技巧，原來的文化內涵都已經不重要了。

問題二是在文化多元的時代，我國文化有了更多的機會走向世界，有了更多的機會傳播民族藝術。宋祖英將民歌唱到了紐約、維也納，我國的京劇演到了全世界，川劇也在法國受到熱烈歡迎。但是在向世界傳播的過程中，有一大批文化企業將文化傳播到另一地，我們在傳播的過程中失去了我們這門藝術最重要的東西。我在北京，每年都有國際戲劇節，我也見證了很多演出，看到各個國家演出團體的興奮。看多了之後，我們可以更加感性地理解這個世界有多麼的不一

樣，但是我們有時會問這個藝術究竟表達的是什麼，留下來的是什麼。除了留下文化多樣的幻覺之外，其餘的什麼也沒留下。今天，文化在相互交流中被摧毀。漸漸地變得只有交流本身很重要，文化內涵反而成了次要的。為什麼我們的文化走向世界的過程也是我們丟失文化的過程？不斷地在傳播，不斷地在丟失。很多年來，我們的京劇、民歌是走向世界的視窗，讓世界更加了解中國。但是我們向世界展示的東西，正是京劇裡最不重要的東西，比如武打這種純粹技巧性的東西。我們給外國人看《三岔口》、《秋江》、《羅漢逗悟空》這些劇碼，我們忽視了京劇本身的東西。我們不給外國人看《四郎探母》，因為我們覺得他們看不懂。我們在向外國人傳播京劇的時候，面對的是對京劇一無所知的人。將最表面的東西表達給他們看，而內核性的藝術我們無法跟他們交流。在這一過程中，我們就將文化變成了一張外殼。川劇在傳播的過程中同樣面臨著這樣的現狀。在傳播的時候，我們首先想到的是川劇中的變臉藝術，這其實是只是川劇中無數技巧中的一種。沒有一個川劇演員是因為他會變臉而優秀，而是通過感情和人物形象來打動觀眾而優秀。我們將最表面的東西作為一門藝術的特點，將最核心的內涵丟棄，在文化傳播的過程中普遍存在這樣的狀況。傳統藝術是千百年來人們在生活中積澱下的審美期待。唐詩宋詞成為我們的文化財富，在千百年中讀書人一代一代地吟誦，漸漸地才能領略其中的內核，才能與詩人產生共鳴。這樣沉澱了幾千年的文化，怎麼能夠期待一個外國人在短時間內就接受並產生共鳴。傳統藝術也是如此，幾千年來存在的一種藝術感動了一代又一代人，後人又用自己的感動去充實這門藝術，於是這門藝術濃縮為有歷史深度的作品。這積澱了幾千年的審美趣味和愛好。都是在不自覺的情況下形成

的。這種愛好、感動都是有一種文化內涵的。藝術能夠打動我們，有一定的偶然性，也有必然性。任何一個國家的傳統文化都經歷了長久的積澱。而我們現在在世界文化舞臺上看到的只是一張外殼。文化沒有了積澱和深度，這不是真正意義上的文化多元，而只是一種假像。我們如今的時代對異質文化感興趣的程度比任何一個時代都要強烈。

問題三是我們這一代人喜歡爵士樂和流行樂、喜歡外國歌星。但是這種喜歡有多少是可以一代代傳遞下去的？這種沒有文化背景的喜歡到底能夠持續多久。我們小的時候喜歡看梁山伯和祝英台，到了七十歲了還是喜歡看，用自己的一生來看一兩百個劇碼，來接受差不多相同的曲調，反復欣賞這些東西，慢慢地變得耳熟能詳。在不斷重複看與聽的過程中不斷地豐富自己的感受。慢慢地可以與身邊的人交流，形成了一個文化圈。如果像過眼雲煙一樣，不斷地改變熱愛的事物，追逐新潮，我們在年老的時候還能留下什麼文化傾向？這是一個值得思考的問題。從三歲到七十歲這段時間裡，可能喜歡過二百個明星，但這二百個裡大部分只是過眼雲煙，沒有人能夠靜下來讓它進入內心深處，與自己的情感世界融為一體，成為我們表達感情的重要手段和組成部分。在文化多元的時代，我們看得太多了，而我們看得越多，就越來越不知道什麼才是我們自己的東西，什麼才是我們需要的東西。每個人可以喜歡任何一種東西，但是如果要積澱在自己的心靈深處，如果要成為一種自己的愛好，就需要一個緩慢的積澱過程和持續的欣賞過程。一般而言，需要一個群體來互相交流。在慢慢交流的過程中，就會形成真正屬於自己的文化符號。這才使我們人類有文明，各個地方都有自己的文化傳統。

問題四是現在需要文化多元是因為很多地區都形成了各自不同的

文化和各具魅力的文化傳統。但是表面上看起來越來越多的文化，實際上在文化工業無可抗拒的力量下，它們各自的文化特色正在消失，最後被自身遺棄。而表面的東西正在大行其道，我們滿足于文化上的到此一遊，以為看到了就滿足了。最典型的例子就是麗江，大城市的白領都會把去麗江度假當作一件很時尚的事情。而去麗江的人一般都會去聽納西古樂，可是很少有人知道所謂的納西古樂根本就不是納西族的音樂。納西古樂作為一種文化包裝被利用起來，引發了一個旅遊的熱潮。它從反面告訴我們，這個時代是多麼的浮躁，這樣一個半真不假的東西，竟然會煽動這麼多的人。而現在真的就有很多人以聽這樣的音樂為滿足，到了麗江聽一兩段這樣的音樂，就以為感受到了真正的納西文化。我曾經到廣西旅遊，在一個島上看到了壯族人的舞蹈，是一種令我很驚奇的舞蹈，滿足了我的好奇心。但是反思一下，這種舞蹈是他們在勞動過程中產生的，是為了讓自己愉悅而跳的，現在將他們拉過來，每天定時地在旅遊島上表演，這樣的舞蹈還具有文化內涵嗎？就像我們看到過的民俗村一樣。在民俗村裡，我們仿佛看到每一個村民都按照自己的方式來生活，但其實他們是在表演他們的生活。我認為那不是生活，那不是他們自己的喜怒哀樂，而是在表演。在這些表演裡，每天都要重複很多次，所以這裡就不存在真正的情感，而是成了一種謀生的工具。因此，他們就失去了自己的藝術，他們在跳舞、在表演自己的生活的時候永遠都不會再激動了。因為旅遊，很多地方都在裝，都在把自己的生活當作獨特的資源展現給別人看。這些初衷都很好，但是在把自身的藝術和生活展現給遊人觀看的時候，這就不是藝術了，不是文化了。傳統不是我們用來營利的資源，是不能拿來當作資源利用的，而是應該作為我們情感的需要。如

果我們不是因為自己情感的需要而跳舞，那麼這個舞蹈就不再是屬於這個民族了，這種藝術的精髓就不復存在了。表面上看來，旅遊業的發展使得我們很多地方的經濟突飛猛進，使民族藝術有機會走向全國、走向世界，但是在走向全國、走向世界的同時失去了自己。等走到全國和世界的時候，回頭發現精神家園沒有了。這種現象每天都在發生，這是多元化給我們帶來的東西。多元化在被文化行業利用的時候，它對所有的文化都產生一種窒息。所以我們說傳統文化在面對文化多元化的時候需要進行突圍。如何保護文化自身，如何留住文化的根，這是我們值得深思的問題。在全球化的現在，只有讓世界越來越多地了解我們，我們才有更大的生存空間。在多元化的氛圍中，我們的傳統文化只有進行突圍，才能有未來。一旦失去了自身的特點之後，就再也不能恢復。總之，要想在文化多元化的世界裡生存，就必須保持自身特有的東西，必須有作為一種獨特文化的可能性。這種生存的資格來自自身文化的深度，沒有深度的文化就沒有資格在多元文化裡成為其中的一員。否則就會淪為西方文化的一個模仿者，一個十足的贗品，就沒有存在的價值和意義。

問題五是傳統文化如何在文化多元化的浪潮中繼續保持魅力，就像感動我們祖祖輩輩的先民們一樣，繼續感動著我們。所以我們應該小心呵護我們僅存的這些文化遺產。一個多世紀以來，我們經歷了一次又一次西化的運動，文化遺產到了一種岌岌可危的地步。文化遺產能夠很好地保留下來的所剩無幾。雖然發展到現在，我們的服裝已經沒有什麼民族性了，但是我們還保留了中餐，還有中醫文化。在服裝、建築被西方文化浪潮席捲的時候，我們應該好好守護我們僅存的文化遺產。二十世紀以來，傳統藝術已經漸漸地回到了我們的生活，

我們悠久的歷史傳統裡有無限的魅力，我們發掘得還遠遠不夠。從我們這一代人開始，接觸傳統文化就很有限。能夠體會傳統文化的精妙之處，能夠讓傳統文化成為我們生活中的一部分，就更加困難了。任何一個民族的人，只要細心地去體會，就會發現本民族傳統文化的奧秘。只要我們不拒絕傳統文化，就會喜歡上傳統文化。在喜歡上這門藝術之後，更重要的是對它進行傳承。不能等到有一天我們的子孫後代在醒悟並發現傳統藝術的精妙之後，找不到傳承之路。現在走在路上，滿大街幾乎看不到什麼與中國傳統文化相關的東西，所以對於你們這一代人來說，接觸傳統文化的機會很少。但是只要去努力，就會有保留的機會。這樣你們的下一代就會更加方便地接觸到傳統藝術，能夠更加近距離地接觸民族更好的東西。最能夠讓我們產生自豪和滿足的東西，自然是我們民族的東西。傳統文化能夠得到傳承和發展，你們的下一代在精神上會比你們更加感到幸福。

傳承傳統藝術在今天來說是一個至關重要的事情。我們需要重新去擁抱傳統藝術。怎樣進行文化突圍，其實不是突破文化公司的擠壓，不是突破多元文化浪潮中西方文化的封鎖，我們要突破的是我們自身。要褪去對傳統文化漠不關心的那層厚厚的殼，不能再讓心靈如此麻木。突圍之道，存乎一心。用自己的心靈去擁抱傳統藝術，那麼我們的傳統藝術就會有更加光輝的未來！謝謝大家！

提問一：傅老師您好，請問您怎麼看待現階段中國出現的國學熱？

答：我也曾參加過幾次有關國學的活動，我本身不是特別有興趣，因為我覺得搞國學的人大部分都和我一樣，並不是特別懂這個學問。我們對過去的了解實在是很有限，於是就有人想出很響亮的口號

進行自我炒作。對於這個事情我有幾點看法。其一，能喚起大家對國學的興趣這本身是一件好事。其二，國學熱還遠遠沒有到來。試問在座的各位，「四書五經」有哪個人讀過？如果一個國家的大學生都沒有讀過，那還叫什麼國學熱。在一百多年前，所有的讀書人全部對「四書五經」都要背得滾瓜爛熟，對四書五經都特別的熟悉。現在沒有科舉制了。我覺得科舉制本身是一個很好的事情，是我們傳統文化的一種機制，逼著我們所有的讀書人都必須熟讀「四書五經」。所以國學熱根本就不需要呼籲，自然而然就成了當時人們生活的一部分。我們現在只有高考，高考的時候只需要把語文課本背得滾瓜爛熟就可以了。語文課本裡真正和國學有關的沒有多少，也就幾十個斷簡殘片而已。假如學了幾個斷簡殘片就算是了解了國學，那就太膚淺了。希望有一天國學會熱起來，希望有一天我國的大學生們能夠熟讀「四書五經」，唐詩宋詞能夠背幾百首。那時候我們再來呼籲國學熱，讓大家熟讀「二十四史」，這才叫國學熱。不過我現在對呼籲國學熱的這些人都充滿了敬意，不管能不能實現都是一件好事。

提問二：隨著接觸海量資訊，我們的文化怎樣才不會變得膚淺？

答：這確實是一個值得思考的問題。我們這一代人剛好遇到了網路開始發育的時代。網路剛剛出現在人們的生活中，大家都覺得很新奇。網路是一個很好也很壞的事物。網路很吸引人，所以我花費了很多時間在上面，荒廢了學業。但是我現在花費在網路上的時間慢慢變少了，因為發現沒什麼意思。大家應該也是這樣，隨著年齡的增長，網路上的東西就不具有吸引力了。就跟我看外國的歌劇一樣，剛開始還有新鮮勁，但是一直看不懂，等到新鮮勁過了之後就會生厭，回頭來還是看我們本國的戲劇。所以這個社會也會經歷這樣的過程，從浮

躁到收心，慢慢地喜歡有內涵的東西，也就是文化中有分量的東西。今天這種很浮躁的風氣不會持續很久，只要我們能夠自身進行突圍，就會挺過去的。

2012年於華中科技大學演講

陳俞蓉根據錄音整理

當代文化重建的
背景、傳統與前景

趙　林　武漢大學哲學學院教授

　　黨的十七屆六中全會提出關於中國文化建設的問題，作為文化工作者，我們很早就已經在關注這個問題了。我是做西方哲學的，最近主要是研究基督教，但是作為一個中國人，我對本民族的文化還是很關注的。最近幾年，中國經濟實力和綜合國力的加強，使文化界也出現了一些大的變化，尤其是前幾年出現的大國崛起說，比如《中國崛起》、《中國可以說不》等。這些說明：中國在崛起的時候，應該承擔更多的國際責任，也擁有更多的話語權。在這種經濟發展、政治改革和大國崛起的態勢下，中國人開始越來越多地意識到自身的文化問題，文化重建也成為擺在我們面前的一個重要的部分。

　　在這種情勢下，從官方到民間知識分子都關注到文化重建的問題，但是文化重建的背景很少有人提及。今天的講座主要從三個問題切入：問題、傳統和前景。

　　二十世紀九〇年代，蘇聯解體，東歐劇變，從二戰將近半個世紀的政治意識形態對立宣告結束。在這近半個世紀的時間裡，世界分為以美國為首的資本主義陣營和以蘇聯為首的社會主義陣營，這兩大陣營將全世界各方面幾乎都裹挾進去，並且在政治、經濟、文化方面全方位地展開對立。由於雙方的克制，隨時可能爆發的第三次世界大戰沒能打響，卻發生了局部的冷戰和小規模的摩擦。當時世界上所有的

小規模事件幾乎都有這兩個國家的身影。二站結束後，首先是朝鮮戰爭，然後是越南戰爭，古巴導彈危機，兩伊戰爭，阿富汗問題等，都是超級大國在中間起作用。

在我們這一代人年輕的時候，當時的口號是解放全人類，把紅旗插遍全球。但是到了九〇年代，國際格局出現了新變化，政治意識形態的問題已經不再是主要問題了。今天人們更多認同的是各大文明之間的共性的東西，如宗教、文化等。不同宗教、文化之間的交流已經成為世界各國人民交流的一個重要切入點。

今天的年輕人大多是在蘇聯解體之後的時代裡出生和長大的，所以對蘇聯解體之前的世界形態不太了解。在蘇聯解體後，整個世界似乎都處在文化保守主義的浪潮中。這個浪潮本身不帶有任何的價值褒貶之義，我所表述的只是一個基本事實而已。不論是東方還是西方，二十一世紀都明顯地出現了一個向傳統文化回歸的趨勢。

二十世紀的五〇年代，全球範圍內出現了一場蓬勃的民族解放運動。二戰以前，世界上大部分地區都是西方的殖民地。二戰後，西方勝利的國家意識到一個問題：殖民主義和法西斯主義一樣，都是不符合人道主義的。所以在二戰後，在殖民地人民要求獨立的同時，西方大國也紛紛開始主動退出殖民體系，這段時間出現了民族解放運動的洶湧浪潮，這之後的時代就被稱為後殖民時代。從後殖民時代到後冷戰時代，隨著越來越多的第三世界國家的政治獨立和經濟發展，這些國家的人們也開始了文化重建的過程。但是由於亞非拉國家之間的文化差異較大，它們在文化重建方面走了兩條不同的道路，一條是拉美-非洲模式，另一條是亞洲模式。

第一，拉美-非洲模式。拉丁美洲和非洲都曾是西方列強的殖民

地，被殖民的時間較久。西方列強剛開始進行殖民擴張時，都是沿著海岸線而展開的。十八至十九世紀，西方列強開始全球範圍內大規模的殖民活動，這些地區的殖民地也開始向縱深的方向發展。西非、南非和東非海岸地區和拉丁美洲最早淪為西方的殖民地，當西方殖民者來到這些地方時，當地的人民還沒有進入高級文明狀態。他們或者仍然處於原始社會中，或者原有的古老文明（如瑪雅文明）已經風雨飄零，社會又倒退到蒙昧狀態中。由於這種蠻荒的先天狀態，這兩個地區的人們在被西方殖民者征服之後，在幾百年的過程中，其文明化與殖民化是同步的。也就是說，他們是在被殖民的過程中才開始文明教化過程的。所以，他們一旦擺脫了西方的殖民統治，獲得政治獨立之後，在發展自己的經濟實力的同時，在文化上卻沒有任何其他選擇，只能走全盤西化的道路，因為這些地區的文明在發生之初就已經被打上了深深的西方化烙印。

在拉美和非洲，後殖民時代出現了一種現象，這就是：科學技術的現代化水準不足，文化上卻全盤西化。以拉丁美洲國家為例，這些國家在科技發展方面還比較落後，但是人們的宗教信仰和價值觀念、行為方式都非常接近西方人。就宗教信仰來說，今天百分之九十以上的拉美人是基督教徒（主要是天主教徒），他們信仰基督教的人口比例在世界各大洲是最高的，甚至高於基督教的核心地區——西歐和北美。非洲的情況雖然不像拉美那樣明朗，但是也面臨著同樣的前景。非洲一些國家在獨立之後，其文化建設面臨著兩種選擇：或者接受撒哈拉大沙漠以北的伊斯蘭教文化的影響，或者接受從西、南、東三個海岸地區向中間滲透的西方基督教的影響。今天這兩種宗教在撒哈拉大沙漠以南的非洲地區的文化競爭非常激烈，幾乎形成了平分秋色、

旗鼓相當的局面。但是在撒哈拉大沙漠以北的北非五國,如埃及、利比亞等,由於自古以來就屬於文化發達的地中海世界,文明程度較高,後來又較早地皈依到伊斯蘭教文明的範圍,所以它們的情況與撒哈拉大沙漠以南的非洲國家的情況完全不同,它們的文化更接近亞洲模式。

第二,亞洲模式。眾所周知,人類最古老的文明是從亞洲發源的,而且在古代,由於接通地中海與紅海的蘇伊士運河還沒有挖掘,所以古代的埃及與西亞是連成一塊的。古埃及、古巴比倫、古印度、中國文明都是從亞洲發源或者與亞洲相鄰的地方發源的,唯一的西方文明希臘文明也是屬於東地中海地區的。正因為如此,亞洲各大文明圈都有著悠久的文明歷史,其在後殖民時期的文化重建道路也全然不同於拉美-非洲模式。在亞洲及北非,今天仍然頑強地存在著三個古老而具有生命力的文明傳統,即西亞、小亞細亞、中亞和北非的伊斯蘭教文明,南亞次大陸的印度教文明以及中國的儒家文明。這三大文明都有著一兩千年甚至更久遠的歷史傳統,這種根深蒂固的歷史傳統並沒有因為殖民化的命運而被消除。所以,當這些地區的人民在獲得了政治獨立和經濟發展之後,他們在文化重建的過程中,就會不約而同地重鑄自己的文明根基,回歸自己的文化傳統,從而在當今的伊斯蘭教世界、印度以及中國就不約而同地出現了一股強勁的文化保守主義浪潮。

在後殖民時期,這三大文明圈都呈現出一種向自身文化傳統回歸的趨勢,在伊斯蘭教世界出現了原教旨主義運動,這場文化復興運動在廣大穆斯林中影響巨大。伊斯蘭國家在政治上也有黨派之爭,許多國家在經濟上也走向市場化,比較開放,在文化上卻是清一色地持傳

統信仰。在伊朗等國家，政治、經濟與宗教之間有著非常密切的關係，政權與教權之間仍然是合一的。無論是哪個黨派上臺執政，伊斯蘭教的基本信仰是不可改變的。

在印度，自從二十世紀五〇年代獲得政治獨立之後，近幾十年來印度教的發展熱情也越來越高漲。到二〇一〇年，印度人口已經超過十二億，緊追中國。據預計，到二〇三〇年，印度人口將會超過中國，率先突破十五億大關。我國的人口目前已經達到頂峰狀態，之後便會一直維持這種狀態或者人口開始減少，而印度由於沒有計劃生育政策，人口並不會減少。在印度現有的十二億人口裡，有九億以上的印度教徒，占人口總數的百分之八十。在印度，無論是代表精英階層的國大黨，還是代表草根階層的人民黨，其黨員都是印度教徒。而且在人民黨執政期間，保守主義的味道更加濃郁，今天在印度出現的帶有狂熱色彩的印度教民族主義運動，就表現了回歸傳統的強勁勢頭。

中國這些年來出現了一種國學熱現象，重鑄傳統文化，振興民族精神，這些口號近年來變得非常時髦。今天官方在海外建立的推廣中國文化的機構，叫作「孔子學院」，由此也表明了當今中國文化建設中對儒家文化的重視。

中國的現代史，是從一九一九年的五四運動和「砸碎孔家店」的新文化運動開始的。當時一批最激進的中國知識分子公開主張反孔反儒，如陳獨秀、胡適等人，都是堅決地反對中國傳統文化的。他們當時都大力推崇西方文化，深感中國社會的落後，激進地主張徹底否定中國傳統文化，認為中國社會落後的根源就在於以孔子為代表的傳統文化。中國共產黨的創始人陳獨秀、李大釗等，都是五四運動的領袖人物，他們當年是激烈反孔的。一九四九年新中國成立之後，也是一

直批判中國傳統文化。

如今的時代和二十年以前的時代相比，其文化風格無疑是越來越趨向保守了。剛剛改革開放的時候，學習西方是一種時髦的潮流，一些激進青年認為中國傳統的東西應該徹底廢棄。但是這二十多年來中國的文化風氣發生了很大的變化，這個變化的原因，一個主要方面就是我們的經濟實力發展了，綜合國力變強了。還有一個就是全世界的文化保守主義浪潮的影響。當一個大國崛起時，就會尋找自己的身分：我是誰？中國人只是一個政治概念，但總得有文化身分。比如說，絕大多西方人都會毫不猶豫地說他們的文化身分是基督教徒，中東地區的人則會說他們是穆斯林。那麼，我們的文化身分是什麼呢？

在今天的西歐和北美，信仰基督教的人仍然占百分之七十至百分之八十，雖然很多人都不去教堂了，但這並不妨礙他們信基督教，他們的腦子裡仍然是基督教的價值理念。事實上，自從十八至十九世紀啟蒙運動以來，隨著知識分子頭腦中的理性因素的增加和啟蒙思想的影響，基督教最重要的場所已經不在教會了，而是在人們的心中，西方人的基督教信念已經內在化了。

今天西方文化的優勢不在於它的物資繁榮，不在於它的經濟有多麼發達，世俗生活有多麼繁榮昌盛，而在於西方人內心生活中的一種寧靜，他們的精神生活能夠和物質生活很好地協調。今天在西方的很多國家都可以看到，他們的商場沒有我們的大，晚上也不像我們這樣燈紅酒綠。他們商場中有很多東西都屬中國製造，在物質生活的一些方面他們已經不如中國繁榮，但是他們的那種心靈寧靜是令人羨慕的，還有他們的自然環境，藍天白雲也令人嚮往。他們把物質生活和精神生活較好地結合起來了。

如今的很多中國人感到了信任危機，老人摔倒在地大家都不敢扶。最近的小悅悅事件，在一個幼小的生命瀕臨死亡時，卻無人施以援手，很多人說中華民族的道德已經到了危急關頭。之所以會出現這種情況，很大程度上並不是由於我們的物質不發達，科技水準不高，恰恰是因為我們單方面地追求成功和利益，卻喪失了基本的道德情感和人之為人的東西。同學們從小受到的教育都是要學習、要競爭、要獲得成功，這和過去的注重人性善良、講究仁義禮智的儒家教育完全不一樣。從這個層面來講，每個人的知識水準都比以前的人高出很多，但道德狀況卻要糟糕得多。

　　接下來談談中國文化傳統的重建問題。我們現在主要面臨著三個傳統。

　　第一個傳統是中國自古以來的傳統文化，主要是以儒家的價值觀念為基礎的「國學」，包括儒、道、釋以及其他民間文化資源。佛教雖然來自印度，但是自從東漢傳入中國以後，經過兩千年的文化融合，已經基本上成為中國獨有的佛教了，特別是禪宗、淨土宗這些大乘佛教，已經完全被視為中國的傳統文化了。

　　第二個傳統是一九四九年新中國成立後流行起來的主流意識形態，即馬克思主義文化。馬克思主義本身也面臨著中國化的問題。我們現在已經清楚地意識到，馬克思主義的中國化是一個迫在眉睫的現實問題，也是一個漫長的歷史過程。在中國化的過程中，馬克思主義到底應該具有什麼樣的特徵？它與中國傳統文化的關係應該如何處理？這些問題都有待探索。在當今中國，毛澤東思想、鄧小平理論、「三個代表」重要思想、科學發展觀等都是馬克思主義中國化的階段性結果，但是這個過程還沒有完成，有待進一步發展。

第三個傳統是源於近代西方的世界優秀文化傳統，例如民主、科學、法治、市場經濟等等。但是從西方引進的東西並不完全就是西方的，它是屬於全人類的，只不過西方人率先發現和運用了這些東西而已。鴉片戰爭以來，尤其是二十世紀初的五四運動以來，當時中國社會精英們大張旗鼓地引入的那些先進的東西，如德先生（民主）、賽先生（科學）等，都屬於這個文化傳統。

　　下面我重點分析一下第一個文化傳統，即中國的儒家文化傳統，這也是今天中國文化復興的主流。弘揚民族文化，振興民族精神，出現的文化復興熱潮，就是「國學熱」。追溯中國以儒學為主幹的國學，自從漢武帝採取董仲舒的建議，「罷黜百家，獨尊儒術」，把儒家文化定於文化的一尊之後，歷代官方統治者，大都推崇儒家文化，這是儒家文化兩千多年來長盛不衰的重要原因之一。但是更重要的原因，還是由於隋唐以來開設的科舉制度和中國民間根深蒂固的宗法制度。

　　魏晉之後，北方的少數民族入主中原，控制黃河以北的地區，漢人的華夏文化就轉到了黃河以南地區，形成了南北朝的對峙。在這一過程中，人口的大遷徙導致了中國以前的士族力量開始衰落，傳統的貴族階層日益衰弱。到了隋朝統一中國之後，北方又被恢復了，華夏文化開始重建。這時候國家需要人才，而傳統的貴族階層已經日趨衰弱，所以就開設了科舉制度來選取人才。這種制度通過開科取士的方式，把具有聰明才智的人選拔到官場，讓他們參與朝政，取代已經衰落的貴族階層。從南北朝以後，中國在政治上就沒有貴族這一階層了，這和西方的傳統有很大的差別。

　　秦末陳勝吳廣起義時，有一句大家都熟悉的口號：「王侯將相寧

有種乎？」其實從春秋戰國以後，傳統的貴族階層就已經走向衰落了。劉邦是一個市井之徒，最後通過權謀和武力奪得天下；項羽是世襲貴族，卻被劉邦打敗了。漢朝雖然形成了新的貴族傳統，但是到了南北朝時期，貴族階層徹底走向衰亡。隋唐以後，出現了新的人才選拔機制，即科舉制度。開科取士不看家族出身，而是看人本身的才能。科舉制主要考的就是儒家經典，這樣一來，對儒家的推崇就不僅限於皇帝和官方了，而是深入到民間，一般讀書人都開始自覺地學習和踐行儒家文化，儒家文化也就成為讀書人從一介布衣到躋身朝政的敲門磚。也就是說，如果想要出人頭地，不論你是什麼出身，非通過科舉不可。這樣一來，使得人們從小開始就要學習儒家經典，讀聖賢書，然後參加科舉考試，博取功名利祿，實現人生理想。

此外，從周朝開始，一直到晚清和民國時期，中國形成了根深蒂固的宗法社會。古代中國社會主要靠官、紳兩大系統來維護，實際上是小政府和大社會的模式。一個朝廷命官到地方上任，帶上幾個僕人就去了。到了任職地之後，招幾個刀斧手和刀筆吏，一個政府就建立起來了。治理地方社會主要靠的是鄉紳系統，即建立在血緣宗親關係之上的宗法系統，鄉紳在治理社會方面的作用往往比官府還要重要。而宗法社會賴以維繫的那些行為規範和價值觀念，就是源於儒家倫理。儒家不同於西方的那些宗教，它主要關注的是人與人之間的關係，而不是人與神之間的關係。儒家講究的仁義禮智、忠孝節義等道德觀念和倫理規範，都是涉及各種人倫關係的。在儒家道德裡面，幾乎找不到任何與鬼神有關的範疇，更不會涉及什麼虔誠的信仰之類的問題。中國人注重的道德都是與人打交道方面的，例如君臣之間的忠、父子之間的孝，兄弟之間的友悌，朋友之間的信義，夫妻之間的

貞操等等，處理的都是人際關係，遵循的都是儒家的道德理念。儒家文化能夠在中國二〇〇〇多年立於不敗之地，最主要的還是由於這種原因，即它是深深地植根於中國傳統宗法社會的深厚土壤之中，成為千百年來中國讀書人和一般民眾自覺奉行的安身立命之道。中國封建社會的價值觀念和行為準則，都是遵循儒家的倫理規範而確立的；如果不遵守這些規範，整個宗法社會就要亂套了。

　　中國古代社會長期以來是建立在宗法血緣關係之上的，而儒家倫理則構成宗法社會得以維繫的最重要的黏合劑。儒家雖然主要講的是人和人之間的關係，但它同時也講究敬畏，有宗教情懷。自古以來，中國老百姓雖然知識水準和科技水準都不高，但是那個時候的老百姓是有敬畏之心的。儒家倫理主要處理五倫關係，即君臣、父子、夫妻、兄弟、朋友關係，這五倫關係幾乎把天下所有的事情都包含進去了。除此之外，儒家基本上不關注人和鬼神之間的關係，但是儒家講究敬畏，所謂敬鬼神而遠之。君子之道即是如此，儒家讀書人一般都遠離鬼神之事，但是仍然對一些崇高的東西懷有敬畏之心。孔子說：「君子有三畏：畏天命，畏大人，畏聖人之言。」天命雖然無形，卻與人的道德密切相關。所謂上蒼有眼，九泉有靈，人的一言一行都有天命的存在。而小人不知天命而無畏，有些人天不怕地不怕，這正是其無知的表現。中國儒家把人分為君子和小人，知識分子或士大夫之道在於知書明德，對至善之天命懷有敬畏；而平頭百姓則要謹守宗法禮儀規範，對鬼神懷有敬畏之心。

　　中國古代社會雖然沒有主流宗教，卻有著三教九流，中國老百姓有各種各樣的宗教信仰，信佛陀、信三清、信觀音、信土地、信媽祖等等。這些信仰物件都有著揚善懲惡的功能。民間流行的說法是：「為人不做虧心事，不怕半夜鬼敲門。」中國過去實行土葬，中國的

三教九流基本上都相信輪回轉世之說。人今生的所作所為會決定他來生的歸宿，好人將有好報，惡人將會上刀山、下火海、入十八層地獄等。由於老百姓大多數沒有什麼知識，所以他們在鬼神的恐嚇之下就不敢做什麼壞事，這樣就使得人在道德上有所約束，不敢去幹傷天害理的事情。

由於中國傳統社會的人際關係主要局限於宗法社會中的三親六眷，所以儒家倫理實際上起到了宗教的作用。無論是基督教、伊斯蘭教還是印度教，它們的終極目標都在另一個世界，但是它們對於現實社會的道德規範具有重要的約束作用。相對而言，儒家倫理雖然比較淡漠於彼岸世界，卻通過對天命的敬畏來規範和約束人們的道德行為。

到了一九四九年以後，特別是「文革」以後，傳統的宗法社會已不復存在，儒家倫理失去了安身立命的根基。皮之不存，毛將焉附？儒學在現代社會中已經沒有可以植根的土壤了。在這種情況下，僅僅靠官方的推崇已經無濟於事了。從歷史上看，儒學的傳播和發展主要不是靠官方，而是靠民間。但是在今天，儒學復興的下層根基已經不復存在了，宗法社會已經土崩瓦解，要想弘揚儒家文化就成為一件非常困難的事情。

現在國內有一些新儒家學者，他們急於想在當代中國社會復興儒學，甚至想把儒學提升到一種國家宗教的高度。比如說蔣慶先生，他隱居在貴州的陽明山莊，有一幫弟子跟隨他過一種古代儒生的生活。蔣慶把儒學與儒教做了區分，他認為儒教是盛世之學，而儒學是衰世之學。中國如果要實現盛世，就應該把儒學上升到儒教的高度，將其確定為全民族都要信仰的國教。

這種做法在現代社會顯然是行不通的。第一，現代社會已經不可

能再像漢武帝時期那樣，靠官方的力量來確立國教，這是反歷史潮流而動。第二，儒家文化一旦為政權所利用，就容易滋生腐敗，這樣的例子在歷史上有很多。所以最好還是應該讓儒家文化在民間自由發展，而不要硬性地將其提升到國家宗教的層面。

我作為一個中國人，當然希望中國的傳統文化能夠復興，但是我經常強調，儒學的復興必須建立在深刻的自我批判基礎之上，必須與當代世界文化潮流相適應。他山之石，可以攻玉，我覺得儒家文化要想實現復興，就應該放下高高在上的學術姿態，深入到民間去做一些踏踏實實的傳播工作。僅僅在大學和研究機構中討論儒家文化復興的問題，只能是隔靴搔癢。志在弘揚儒家文化的學者應該像基督教傳教士一樣，深入民間去進行宣傳，體驗民間疾苦，了解民眾心願，為老百姓解決切實的文化需求。但是今天的儒家學者都喜歡走上層路線，現在一些大學都辦有國學院或國學講堂，在講壇上弘揚儒學。到國學院或國學講堂來學習的大多是一些有錢有勢的人，他們只是把儒學當作一種時髦的玩意兒來附庸風雅罷了。而基督徒的傳教者往往深入民間，直接面對社會上的弱勢群體，這是兩條完全不同的文化傳播路線。

自五四運動以來，中國人對儒家文化的摧殘程度遠遠大於西方啟蒙運動對基督教信仰的摧殘程度。特別是由於政治意識形態方面的原因，儒家文化曾一度瀕臨滅頂之災。摧毀一個文化比較容易，但是要想重建一個文化，那就難於上青天了。

在山東曲阜的牌坊中，可以看到連康熙、雍正、乾隆這些盛世皇帝都對孔子畢恭畢敬。而今天的中國人，在先後經歷了「文革」時期的政治鬥爭和改革開放時期的經濟發展之後，變得越來越無所畏懼了。改革開放的經濟大潮使得「向錢看」成為名正言順的精神驅動

力，傳統的敬畏之心蕩然無存。大家看看現在層出不窮的毒奶粉、地溝油、毒大米、瘦肉精等等，甚至連治病救人的藥品也敢做假，有些不法奸商為了賺錢喪盡天良。所有這些社會問題，說到底還是由於缺乏敬畏之心。一個人如果喪失了對神聖事物的敬畏之心，就會天不怕地不怕，什麼壞事也敢幹。沒有敬畏之心，整個民族的道德水準就會迅速滑坡。因此，中國當前的文化重建，首要的工作是在道德上重新樹立敬畏之心。

對比一下中西方的宗教場所，可以看出明顯的差異。在西方的教堂裡，往往是很安靜的，人們靜靜地祈禱上帝，懺悔自己的罪過。而在中國的廟宇裡，卻往往是人聲鼎沸，佛門淨地、道教仙觀都要收取門票錢和香火錢。在中國的年輕人中，一年一度最熱鬧的節日就是耶誕節，但是人們把耶誕節變成了狂歡節和消費節。在這種洶湧澎湃的世俗化和消費化潮流中，在缺乏神聖感和敬畏心的情況下，儒家文化將如何得以弘揚？

中國要想真正強大，崛起於世界民族之林，不能只靠經濟上的騰飛，還要有文化上的振興。當前中國文化重建的首要問題，就是確立自己的文化身分，進行清晰的文化定位。在今天，經濟的發展和綜合國力的強大既為文化的復興提供了良好的機遇，也提出了嚴峻的拷問。中國文化復興的道路任重而道遠，但是它今天已經引起了越來越多中國人的自覺關注和思考，一種理性的批判精神正在逐漸覺醒，這或許是當代中國文化重建的良好契機。

2011年於華中科技大學
牛婷婷根據錄音整理

王小波、史鐵生、村上春樹：為了靈魂的自由

林少華　中國海洋大學外國語學院教授

　　因為世界讀書日馬上就要到了，所以就從讀書講起。從為了靈魂的自由這個角度切入，講一下王小波、史鐵生和村上春樹，我們或許可以從中看出讀書與靈魂的自由的關聯。

　　先講讀書。大學是讀書的地方，無論大學有多少活動，讀書都是最有意義的活動。我想，如果把世界上其他所有活動都清除掉，而只保留讀書這一項活動，那這個社會會變得多麼清淨和優雅。不過好像也有人不適合讀書，周國平認為：「有兩種人不可讀太多的書，天才和白癡。天才讀太多的書就會占去創造的時間，甚至窒息創造的活力，這是無可彌補的損失。白癡讀書越多越糊塗，越發不可救藥。」而我既不是天才，也不是白癡，所以我需要讀書。天才畢竟是少數，大部分都是普通人，所以我想在座的大部分同學和我一樣需要讀書。毫無疑問，我們大家有一個相似以至相同之處，我想我們都是讀書人。不知道諸位意識到沒有，讀書人是何等幸運的一種人，或者說以書為友、與書相伴是何等美妙的事情。茫茫人世、芸芸眾生，有人與煤礦坑道相伴，有人與水田旱田相伴，甚至有人與炮火硝煙相伴。相比之下，拋開價值評論不談，畢竟與書相伴輕鬆得多、安全得多、平和得多。即便同有美酒、美女、美元相伴的人相比，我想也完全不在其下。美酒不可貪杯，美女總要老去，美元一再貶值，而書不怕貪，

也不會老，更不可能貶值。一榻清風、半窗明月，讀書之樂莫可比也。尤其夜深人靜時分，窗外細雨霏霏，室內孤光自照，坐擁書城，一卷在手，你不覺得這是一天之中最幸福的時刻嗎？讀書之所以讓人幸福，一個重要的原因是讀書能讓人的靈魂獲得自由。

坦率地說，今天我恐怕還沒有足夠的資格在這裡跟大家談讀書，這是因為，我在學校讀書的時間加起來肯定比不上在座的絕大多數人。不錯，我是從東北一所也算是名校的研究生院畢業出來的。如今好歹也混成了大學教授，甚至有了「翻譯家」、「學者」及「作家」這三種可以用來忽悠別人的身分。可是實不相瞞，我初中都沒能畢業，更沒讀過高中，初中也唯讀到初一。大家自然要問：你為什麼唯讀到初一，難道你想暗示你是天才嗎？不，我絕對不是天才，但讀到初一卻是千真萬確的事情。為什麼讀到初一就輟學了呢？一不是家庭供不起，那時家裡很窮，但還不至於窮到供不起我讀書的地步。二不是我調皮搗蛋，即使把同桌女生打掉一顆門牙，或者考試作弊，但也不會導致我不能繼續上學。那麼是因為什麼呢？我想大家恐怕猜不著，在座年齡大一點的可能猜得到，那是因為「文革」。今年是二〇一一年，四十五年前，也就是從一九六六年夏天開始，「文革」開始。而我是一九六五年上的初中，剛剛上完初一，那場所謂以文化為革命物件的運動，就如沙塵暴一般突然襲來，飛沙走石，勢不可當，掀翻了書桌、卷走了書本、劫掠了書聲、掃蕩了書店，於是我不得不離開自己留戀的課堂，離開剛剛拿了一年，還沒拿熱乎的初中課本，離開自己喜歡的老師和朝夕相處的同學。離開後做什麼去了呢？主要是到農村接受貧下中農的再教育，也就是幹農活，日出而作、日落而息，晴天一身汗，雨天一身泥，下雪一身白，颳風一身土。不過再糟

糕的事情也不會完全沒有收穫，一個重要收穫就是讓我對下面這樣一首詩有了刻骨銘心的感受和理解，這首詩大家肯定猜得出來：「鋤禾日當午，汗滴禾下土。誰知盤中餐，粒粒皆辛苦。」我少年時期正式的學習生活在初一之後就終止了，因此我的集中讀書時間就是小學五年級到初一，主要在初一期間。我讀了哪些書呢？我曾經以這個為主題寫了一篇小文章，叫作《書的背影》。我想借此機會跟大家回味一下少年時期的讀書時光。當然諸位和我讀的書有所不同，畢竟相隔四十五年了，但是其中某些東西，即使相隔四十五年，甚至一四五年恐怕也不會改變，而且也不應改變，那就是對於讀書本身的熱愛和虔誠。經常有網友、讀者問我都讀過什麼書，好像你混得不錯，你一定讀了什麼書，才使你有今天這個樣子。這促使我從書櫥深處掏出幾十年前的讀書筆記和倖存的珍藏本。翻閱、撫摸之間，思緒逐漸從現實的紛擾中走出來，趕回久違的少年歲月，趕回了闊別的故鄉山坳，開始追索已然遠去的書的背影。的確，書猶朋友。回首人生旅途，或長或短，每一段路都曾有朋友相伴，書亦如此。有的陪伴我們迎來朝暾初上的清晨，有的陪我們送走風雨瀟瀟的黃昏，有的陪我們走過荊棘叢生的山路，有的陪我們漫步柳浪聞鶯的沙堤。我們從一個驛站奔向下一個驛站，腳步從不停止也無法停止。而陪同我們的書卻在一個個驛站留了下來，默默目送我們漸行漸遠的背影。當我們走出很遠很遠之後，也會不期然停下腳步，追尋書的背影。其中讓我們凝望最久的，莫過於伴隨我們度過孤獨、敏感而又脆弱的少年時代的書的背影。那與其說是朋友，莫如說是戀人、初戀的情人——曾經的回眸、曾經的笑靨、曾經的驚鴻照影、曾經的呢喃細語，竟是那樣真切，那樣清晰，恍若昨日。是的，有什麼能比舊日戀人的背影更讓人刻骨銘

心、魂牽夢繞呢？現在，就讓我從塵封的記憶中，找出這樣的背影。

　　我說幾本對我影響比較大的書。第一本書是《三國演義》，小學四年級讀了一次，初一又讀了一次，是我最熟悉、最推崇的一部古書。「玉可碎而不可改其白，竹可焚而不可毀其節，士可殺而不可辱。」這鏗鏘作響的語句，在很大程度上規定了我日後的價值取向，奠定了氣節和信義的基礎，使我在相當困難的時候也守護了自己最看重的東西。即使現在，我也固執地認為三國是男人的必讀書，它鍛造男人的脊樑，向男人體內注入一種凜然難犯的陽剛之氣，男人因之從性別上的男性過渡到精神上的男子漢。第二本書是《說岳全傳》，讓我懂得昏君和奸臣當道、堵塞言路是何等可怕、慘烈的事情。「聞岳飛父子之冤，欲追求而死諍；睹秦檜夫妻之惡，更願得而生吞」。字字句句，何等盪氣迴腸，擲地有聲，至今言猶在耳，使我對趨炎附勢、落井下石的小人一向採取鄙夷和厭惡的態度，不屑與之為伍。第三本是《千家詩》，這是我從同學手裡借得而存心撒謊未還的一部真正的線裝書。「文革」期間，古體詩詞只有一本通行於世，那就是《毛主席詩詞解釋》，此外的舊體詩詞都是焚燒物件，只能偷偷地讀，以致我現在仍覺得偷讀之樂是極妙的快樂，甚至覺得書只有偷讀才快樂。這本書後面有一個附錄，叫作「笠翁對韻」，就是告訴你怎麼對對子，這也讓我癡迷至今：「天對地，雨對風。大陸對長空。山花對海樹，赤日對蒼穹。雷隱隱，霧濛濛，日下對天中。風高秋月白，雨霽晚霞紅……」在學了外語的今天，我愈發對漢語這種無與倫比的形式美和韻律美懷有由衷的虔誠和敬畏。毫無疑問，漢語乃世界語言方陣中當之無愧的儀仗隊。還有一本書叫《監獄裡的鬥爭》，這部長篇小說的作者已經忘記了，但主人公在獄中給他的女朋友寫的那

首詩《明月千里憶伊人》則始終未能忘懷，幾乎可以一字不差地脫口而出：「當年，在遼遠的故鄉，正值春夜未央。我們踏著明月的清光，沿著清溪的柳岸徜徉，綿綿傾訴各自的衷腸。春風卷起層層細浪，露水浸潤薄薄的衣裳。年輕的姑娘，誼厚情長，鼓舞他萬里飛翔，投身革命的沙場！」不難想像，這首詩在一個文學少年的心中激起過何等美妙而聖潔的遐思，也讓我對革命者的愛情產生深深的嚮往之情。此外，還有一本書是《紅旗譜》。我看書總體來說不大注重情節、故事甚至主題，我更關注的是它的修辭，所以我的讀書筆記大體抄的是所謂漂亮句子，現在看起來也未必覺得漂亮，甚至覺得好笑，但是年紀不同，那時候我覺得很漂亮。我的筆記本上抄過這樣的關於《紅旗譜》的句子：「小楊樹長了一房高，嫩枝上挑起幾片明亮亮的大葉子的時候，給志和把濤他娘娶了來……在小楊樹冒出房檐，葉子遮住蔭涼，風一吹葉子嘩啦啦響的時候，媳婦生下第一個孩子運濤……」說來不可思議，就因了這幾行，至今散步或出遊時我的目光都下意識地搜尋大葉楊的姿影。每次與之相遇，都像見到久別的親人，站在她特有的濃陰下，對著挺拔的白色樹幹和嘩啦啦響的葉片沉默良久，回味遠逝的少年情懷，回味莫名的鄉愁。

下面，我就把我小學五六年級和初一期間讀的書目展示給大家。我想，那既是我讀過的書的背影，也是我自身的背影，同時也未嘗不是整整一代人的背影和一個時代的背影。與此同時，它們仍然活在我的身上、我的心中，活在我寫的文章和我翻譯的書的字裡行間，這也就是我的師承。我深深地懷念和由衷地感謝它們，是書這個夥伴給我貧苦的童年、少年歲月帶來了歡樂，帶來了溫暖和對未來的嚮往和想像，帶來了使我日後成為大學教師，成為學者、翻譯家以及作家的一

種可能性。我大約看了這些書（都不是有選擇的，碰到什麼書就看什麼書）：《西遊記》、《英烈傳》、《水滸傳》、《說岳全傳》、《新增廣賢文》、《杜十娘怒沉百寶箱》、《鏡花緣》、《苦菜花》、《戰鬥的青春》、《白求恩大夫》、《憩園》、《青年英雄的故事》、《幸福》、《呂梁英雄傳》、《迎春花》、《兒女風塵記》、《小小十年》、《少年時代》（郭沫若）、《敵後武工隊》、《野火春風斗古城》、《烈火金剛》、《監獄裡的鬥爭》、《赤膽忠心》、《洮河飛浪》、《晉陽秋》、《紅旗譜》、《草原奇兵》、《紅旗飄飄》、《狼牙山五壯士》、《青春之歌》、《紅岩》、《蝦球傳》、《十萬個為什麼》、《創業史》、《紅日》、《香飄四季》、《草原烽火》、《高玉寶》、《平原槍聲》、《林海雪原》、《鐵道遊擊隊》、《北極星》、《藝海拾貝》、《毛主席詩詞解釋》、《水滸後傳》、《普通一兵》、《真正的人》、《豔陽天》、《歐陽海之歌》、《紅色交通線》、《貴族之家》、《陽光燦爛照天山》等等。看過的外國書只有一本，就是《貴族之家》。

　　剛才我說了，我看書的條件極其困難，或者說是在相當艱苦的環境中堅持下來的。用「堅持」這個詞未必確切，因為那時候看書已經沒有什麼功利性的目的。學校關門了，談不上考高中、考大學，就是喜歡看書。現在的條件好多了，和我那時候不可同日而語。但問題是條件好了，未必讀書多了，甚至可能相反。事實上，中國內地讀書的人越來越少。北京貝貝特的老總劉瑞林說過，在日本的地鐵裡，五個人就有五個人讀書看報。這個我也知道，看什麼書、看什麼報姑且不論，但至少五個人中大體有五個人讀書、看報。臺灣地區，五個人中有三個人讀書、看報；香港地區，五個人中有二個人讀書、看報。而中國內地的地鐵中，深圳的地鐵我還沒坐過，廣州、北京、上海的地

鐵我坐過，大體是五個人中有二個人在講話，另外三個人在聽他們講話。另外，據《中華讀書報》報導，我國成年人紙質圖書閱讀率，一九九九年為60.4%，二〇〇一年為54.2%，二〇〇三年為51.7%，二〇〇五年為48.7%，二〇〇七年為48.8%，二〇〇九年為49.3%。有人統計，猶太人每人平均每年看書六十四本，美國人二十一本，日本人十七本。而中國人二〇〇五年竟跌破五本，一人一年看書四點五本，二〇〇八年略微回升，為四點七二本。以色列平均每四千五百人就有一座圖書館，我們相應擁有的或者是餐館，或者是麻將館，或者是卡拉OK廳，或者是洗腳房、洗頭房。據卓越亞馬遜的一項調查，我國高達49.5%的人半年內沒有讀完過一本書，還有9%的人已經忘記自己上次讀書是什麼時候了。注意，我國可不是連年大旱、老百姓靠吃樹皮充饑的某些非洲國家，也不是戰火紛飛的利比亞和巴勒斯坦，而是社會穩定、經濟繁榮、人民生活基本豐衣足食，並且是歷史上曾以詩文聞名於世的文明古國和文化大國。然而令人啼笑皆非的是，每人每年看書的冊數遠遠低於文化傳統根本不可與我國相比的美國和日本，一年看的書不到五本，這還包括減肥、化妝、食譜等書在內。大學裡面其實也不太樂觀，我所在的大學是九八五大學，是教育部直屬的七十一所重點大學之一。即使這樣的大學，有一次我上課的時候，兩個班合班四十三人，不知提起什麼，我就順便問了一下，全部看過《三國演義》、《西遊記》、《水滸傳》、《紅樓夢》四部古典名著的人請舉手，四十三個人，沒有一個舉手，看過三部的有一個人，看過兩部的有三個人。最後我說看過其中一部的人請舉手，大約有十個人舉手。如今不少的讀書人，該讀書的時候不讀書，這已經成了一種相當普遍、習以為常的現象。就像流沙河說的那樣：「書無人讀，這是今

日繁華場中的一大寂寞。」我一向固執地認為，較之軍事、政治、行政這些外部的強迫性力量，真正能夠打動人心的，能夠震撼靈魂的力量才是真正強大的力量，而文學藝術便是這種力量的集中體現。因而，文化、文學藝術是真正的強者。如果問我們秦皇、漢武、唐宗、宋祖、朱元璋，以至康熙、乾隆和李白、杜甫、蘇東坡哪個讓你更難忘？我們肯定會說李白、杜甫、蘇東坡更令人難忘，這是因為「床前明月光」、「家書抵萬金」、「大江東去」等詩詞名句，仍在或委婉，或激越，或深切地撥動著我們的心弦，仍在影響和塑造著我們的人文情懷和審美感受，仍在為我們注入作為中國人的自豪感，仍在為我們提供中國人之所以為中國人的DNA。恕我「陳腐」，因為那是我們的根，而要保住我們的根，就必須要讀書。「文革」曾經斷過我們的根，現在是該修復的時候了。否則我們就可能成為西裝革履的精神浪人、精神流浪漢、文化乞丐，那我們算什麼？

曾經擔任阿根廷國家圖書館館長的著名作家博爾赫斯說過：「如果有天堂，天堂就應該是圖書館的模樣。」法蘭西斯·培根四百多年前關於讀書的名言，大家都知道：「讀書可以怡情、足以博彩、足以長才。其怡情也，最見於獨處幽居之時；其博彩也，最見於高談闊論之中；其長才也，最見於處世判事之際。」溫家寶總理則說得語重心長：「一個不讀書的人是沒有前途的，一個不讀書的民族也是沒有前途的。」

下面我說一下我所喜歡的三位作家，其中，兩位是中國作家——史鐵生和王小波，史鐵生於二〇一〇年十二月三十一日去世，王小波於十五年前去世，另一位是日本作家村上春樹。之所以在無數作家中說他們三位，除了我個人喜歡外，還因為這三位作家有一個共同點，

那就是都看重靈魂的質地，都追求靈魂的自由。

先說史鐵生，剛才說了，二〇一〇年最後一天，他送走了生命的最後一刻。那天青島很冷，我一進教室，學生們就告訴了我這個消息。我和史鐵生素昧平生，沒見過面，沒通過信，他未必知道我，我當然知道他，在給研究生推薦的不多的課外閱讀書目中就有他的《病隙碎筆》。這不僅僅是因為他的文字之美，還因為他的思想之美、人格之美，甚至生命存在狀態之美。我想通過這位殘疾人作家讓自己的學生在這個流行選美和消費美的時代知道什麼是美，什麼是殘疾。在這個意義上，史鐵生的《病隙碎筆》已經指導了我的好幾屆研究生。沒想到他去世了，沉痛之餘，心中不由生出別樣的寂寞和蒼涼，這是因為我和史鐵生是同代人，幾乎同齡。我是一九六八年十二月回鄉，他是一九六九年一月下鄉。同是一九七二年，那年我告別鄉親，去省城上大學，他則告別陝北，病退返回北京。史鐵生毫無疑問是我們這一代人中的佼佼者，他的去世，仿佛把我一下子拋到北風呼嘯、四處蒼茫的荒野中。我久久地凝視報紙上史鐵生的照片，史鐵生在笑，北方人的笑，兄長式的笑，親切、平和、開朗、實在，鏡片後的眼睛眯縫成一條細線，流露出含蓄的善意，而又帶有看透你心底所有秘密的機警和睿智，就好像在說：「你小子別忽悠我，你以為你是誰？」其後我從書架上抽出史鐵生的《病隙碎筆》。關於「病隙」，他在書中說得很清楚。他說有一次記者問他的職業，他說是生病，業餘寫點東西，生病的間隙寫一點隨筆。再次讀這本書，我不禁再次為他行文的考究所深深折服，他再次提起地壇：「古園寂靜，你甚至感到神明在傲慢地看著你，以風的穿流，以雲的變換，以野草和老樹的輕響，以天高地遠和時間的均勻與漫長……你只有接受這傲慢的逼迫，曾經和

現在都要接受，從那悠久的空寂中聽出回答。」節奏感，騰挪感，張弛有致，長短相宜，甚至注意到了平仄的韻律和對仗的工穩。如流風回雪，卻又一瀉而下；精雕細刻，卻又渾然天成！史鐵生是為地壇而生的。

　　下面談王小波。如果讓我選一位與村上春樹最相近的中國作家，我會選王小波。當然，當代年輕作家中不難找出和村上春樹相近的同行，但王小波和他們不一樣，他們或多或少都看過我翻譯的村上春樹作品，所以相近很大程度上是受其影響所致。但王小波不然，在我的閱讀範圍內，他從未提及村上春樹，或許他的尊嚴不允許他提及村上春樹，至少找不出他閱讀村上春樹作品的證據。這就是說他和村上春樹的相近純屬巧合，而且其他的人和村上春樹相近，大多表現在小說的文體和結構設計上，而王小波除了文體，更表現在骨子裡的相似，那是兩顆質地相近的靈魂的不期而遇。所謂骨子裡相似，主要是指這兩個人都有自成一體的思想和價值系統，都追求靈魂的獨立和自由。村上春樹為此採取個人主義立場，王小波則採取自由人文主義立場。但二者身上又有相同之處，那就是追求個體生命的尊嚴，追求自我主體性的超拔與純粹，都蔑視權威、體制和世俗價值觀。兩人書中的小人物都無視被設置的生活軌道，村上春樹對失蹤的大象情有獨鍾，王小波則欣賞一隻「特立獨行的豬」。王小波以這個為題寫的一篇隨筆中最後這樣寫道：「他說，我已經四十歲了，除了這只豬，還沒見過誰敢於如此無視對生活的設置。相反，我倒見過很多想要設置別人生活的人，還有對被設置的生活安之若素的人。」王小波和村上春樹分別力圖通過豬和大象所隱喻的被邊緣化的小人物冷眼旁觀主流社會的光怪陸離，進而直面人類生存的窘境，展示人性的扭曲及使之扭曲的

外在力量的強大與荒謬。更重要的是王小波和樹上春樹都具有作為人文知識分子的社會良知和敢講真話的勇氣。王小波最討厭假正氣、偽善和精神複製品，最不甘心俯首貼耳，做沉默的大多數。他認為對知識分子來說，尤其在知識爆炸、資訊爆炸的時代，知識並不神聖，神聖的是講真話。實際上他的雜文也通篇是真話，真話是其文章的靈魂。溫家寶總理也意識到了講真話的重要性，四月十四日，溫總理同國務院參事和中央文史館館員座談的時候指出：「我們鼓勵講真話，講真話就要有講真話的條件，要創造條件，讓人民講真話。」同時指出，「毒奶粉」、「瘦肉精」、「地溝油」、「染色饅頭」等惡性食品安全事件足以表明誠信的缺失、道德的滑坡已經到了何等嚴重的地步。正是堅持講真話，最終使王小波超越了他的邊緣人的身分，從而引起了無數讀者的情感共鳴。他的主要意義和價值恐怕也就在這裡。是的，邊緣人，這也是王小波與村上春樹的相近以至相同之處。村上春樹就不用說了，無論作為對現在都市生活的影射者，還是作為審視和批判者，日本歷史和當代社會的戰士，他都是置身於主流之外的邊緣人。王小波更是邊緣人，《中華讀書報》在紀念王小波去世十周年的時候發表過一篇文章，其中這樣寫道：「在中國，如果一個人只是智商高，聰明，而不太善良，或者說不太追求善良和道德完善，他會生活得很好，因為他可以用他的聰明，很方便地達到他的目的。或者這個人資質一般，甚或中下，但天性淳樸，甘願聽大人的話、聽領導的話，也會得到大人老爺的恩顧，甚至博得大家的好感與同情。而不幸的是，王小波恰恰十分善良，但同時又是個不折不扣的天才，他除了在生活上願意聽李銀河的話和他媽媽的話之外，在其他方面，他不願意聽任何人的話。他只相信自由和尊嚴，科學和理性，還有他畢生追

求的藝術和智慧可以帶給他的至高無上的幸福——他的命運也就可想而知。」可想而知的命運就是邊緣人的命運，而他又是一個不老實的邊緣人，總是對主流懷有不合時宜的戒心，不時旁敲側擊，甚至像個天真爛漫、口無遮攔的孩子，說「皇帝身上其實什麼也沒穿」。從而使得他以邊緣人、以非主流的身分超越了主流，為「沉默的大多數」的平庸生活提供了耀眼的光照和會心的微笑。

王小波和村上春樹之間還有一點相同，就是這兩個人都重視文體（這裡所說的文體是指語言風格），而且都是文體家。大家知道，作家比比皆是。可以稱為文體家的則寥寥無幾，魯迅就是一個，即使不看特定詞彙，看幾行字就知道是魯迅寫的。錢鍾書也是一個，他的幽默感是別具一格的。余秋雨也應該是，他寫的文章，還是很講究修辭的。村上春樹是一個，不過說村上春樹有點自吹自擂的味道，大家看到的村上春樹的作品大都是我翻譯的。兩人不僅是文體家，而且文體和語言風格都有相近的地方，比如都講究韻律和節奏。村上春樹說過，寫文章的訣竅就是節奏感，讀起來要能有快感，大概這類似於我們中國古人說的「文氣」，文氣十足、文氣充沛。王小波也認為，優秀文體的動人之處在於它對韻律和節奏的控制。村上春樹文體的節奏感是從爵士樂中學來的，王小波認為小說和音樂同質，故兩人的作品都能讓人體會到一種難以言喻的遇風行舟的快感。再比如幽默，村上春樹說他除了簡潔和韻律，想擁有的第三種風格是幽默，王小波明確表示他的風格是黑色幽默。比如笑，王小波說：「我笑起來是從左往右笑，好像大飯店門口的旋轉門」，「（他）笑得如同夏日傍晚樹叢間瀉下的最後一縷夕暉」，「嘴角浮現出儼然出故障的電冰箱似的怪誕的微笑」。關於眼神，王小波說「（她）像受了強姦一樣瞪著我」，村

上春樹說「那對眼睛如從月球拾來的石子一般冰冷」。儘管笑法不同，眼神有別，但作為幽默，同樣那麼機警俏皮，那麼出人意料，那麼別有心會。下面單獨舉幾個王小波文體方面的例句。第一句：「學習一事在別人那裡如此快樂，在我們眼裡則毫無樂趣，如同一個太監面對無數的後宮佳麗。」第二句：「現在該說說我自己了，我失戀過二十次左右，但是這件事的傷害一次比一次輕微，到了二十八歲以後就再也沒有失戀過，所以我認為失戀就像出麻疹，如果你不失上幾次就不會有免疫力。」第三句：「在革命時期，我在公共汽車上見了老太太都不敢讓座，恐怕她是個地主婆，而且三歲的孩子也不敢得罪，恐怕他會上哪裡告你一狀。」第四句：「指標這個東西是一切浪漫情調的死敵，假如上級下達指標，令我每週和老婆做愛三次的話，我就把自己閹掉。」第五句：「智慧永遠指向虛無之境，從虛無生出知識和美，而不是死死盯住現時、現世和現在的人。」第六句：「在現代，知識分子最大的罪惡就是建造關押自己的監獄。」應該指出，任何文體都不僅僅是語言組合技術、語言遊戲，而往往表達作者對社會、對世界、對人生獨特的感悟。比如最後這句「在現代，知識分子最大的罪惡就是建造關押自己的監獄。」明確指向靈魂的自由與飛升。

王小波讓我喜歡以至尊敬的另一個原因，就是他對翻譯的理解、推崇和對中文學習採取的姿態。他說他從來不看中國當代作家的小說，就像村上春樹從來不看日本當代作家的小說。王小波說文學上的「師承」得自查良錚先生譯的《青銅騎士》和王道乾先生譯的瑪格麗特·杜拉斯的《情人》。他說，「假如沒有像查先生和王先生這樣的人，最好的中國文學語言就無處去學⋯⋯對於這些先生，我何止是尊

敬他們——我愛他們。他們對現代漢語的把握和感覺，至今無人可比。一個人能對自己的母語做這樣的貢獻，也算不虛此生。」事實上他終生為之傾心的《情人》開頭一段那句「我已經老了」，有幾個譯本，有的譯成「我已經到了年齡」，或者「我已經到了歲數了」，王小波認為「我已經老了」譯得最好，這也規定了其文體的基本走向。他不止一次強調「最好的文體都是翻譯家創造出來的」，優秀翻譯家都是「文體大師」。不用說，他所指的翻譯家是查良錚、王道乾、傅雷、汝龍等老一輩翻譯家，絕不包括我這樣業餘湊熱鬧的。可是我仍然為之歡欣鼓舞，就像在國外時一聽見有人誇獎中國和中國人就跟著咧嘴傻笑一樣。

最後談談村上春樹。想必大家知道，村上春樹的作品主要是我翻譯的，剛才聽到有人念了幾段我翻譯的村上春樹的作品中的話，聽了以後感到很欣慰。我的大半生過去了，做了許許多多的事，但翻譯村上春樹作品這件事恐怕是我做得最有成就感、最實實在在的事，因為它影響不止一兩代人的心靈品位、閱讀興趣、審美趨向，甚至生活情調。村上春樹文學作品中到底是什麼東西打動了那麼多中國讀者？或者說村上春樹文學作品的核心魅力是什麼？按照村上春樹本人的說法，其小說之所以到處受歡迎，一個是因為故事有趣，另一個是因為文體別致。不錯，媚俗邀寵的無聊故事和捉襟見肘的蹩腳文體，中國讀者當然讀不下去。但不僅僅如此。畢竟，這個世界上會編故事的人何止車載斗量，文體考究的人也絕非村上春樹一個。那麼打動我們的到底是什麼？電影導演田壯壯有一次提到他所認為的好的電影作品的標準，那就是看完後「絕對是三天五天緩不過勁來」。我以為好的文學作品也是如此。比如村上春樹的小說，無論是《挪威的森林》，還

是《奇鳥行狀錄》，抑或《海邊的卡夫卡》，讀罷掩卷，都能讓你「三天五天緩不過勁來」。就好像整個人一下子掉進夜幕下無邊無際的大海，又好像感受著大醉初醒後的虛脫，整個人被徹底淘空。對了，有一種靈魂出竅的感覺。是的，靈魂！諸位知道，以人為物件的學科至少有兩種，一是醫學，二是文學。而以人的靈魂為物件的學科也至少有兩種，一是文學，二是宗教。村上春樹的小說之所以看完後能讓人久久緩不過勁來，最主要的原因，恐怕是他的作品觸動了、搖撼了，甚至劫掠了我們的靈魂，讓我們的靈魂瞬間出竅，會讓我們的靈魂破殼逃生，而更多的時候是讓我們感覺到自己的靈魂仿佛同宇宙某個神秘資訊發生倏然溝通的快慰。換句話說，村上春樹筆下的故事和文體中潛伏著、喘息著、時而騰跳著一顆追求自由和尊嚴的靈魂。一句話，村上春樹的文學作品是關於自由靈魂的故事。是這個打動了我，打動了你，打動了他和她，這是其核心魅力所在。

我以為，這也是其力量所在。在我們這個大體相信無神論或缺乏宗教情懷的國土上，真正能夠撫慰、感動和搖撼我們的靈魂的不是權威，更不是鈔票、別墅、美女。那麼是什麼呢？我想，很多時候都應該是藝術。尤其是文學這種語言藝術，這種語言藝術之美。假如一個人的靈魂不能為任何藝術、任何文學作品所打動，那無疑是一個生命體的缺憾。假如整個社會、整個民族都這樣，那無疑是這個社會、這個民族的缺憾以至悲哀。說回村上春樹，應該說關乎靈魂是村上春樹文學作品的靈魂，那麼對於靈魂，什麼是最重要的呢？是自由。關乎靈魂就意味著首先關心和審視靈魂是不是自由的。二〇〇三年初，我在東京和村上春樹第一次見面時，他曾明確表示：「我已經寫了二十多年了。寫的時候我始終有一個想使自己變得自由的念頭。在社會上

我們都是不自由的，背負種種責任和義務，受到這個必須那個不許等各種限制。但同時又想方設法爭取自由。即使身體自由不了，也想使靈魂獲得自由——這是貫穿我整個寫作過程的念頭，我想讀的人大概也會懷有同樣的心情。」事實也是這樣，他的小說很少以現實主義筆法對主人公及其置身的環境予以大面積精確描述，而總是注意尋找關乎靈魂的元素，提取關乎靈魂的資訊，總是追索和逼視現代都市夜空中往來的彷徨、孤獨的靈魂的可能性，力圖以別開生面的文體和「物語」給孤獨寂寞的靈魂以深度撫慰。主要辦法就是讓每個人確認自身靈魂的尊貴和無可替代性。說白了，就是讓我們把自己當個正經玩意兒。諸位知道，戰後的日本在政治上雖是民主體制，但實質上仍是不把人當個正經玩意兒的社會，村上春樹對此有十分清醒的認識。他說他無論如何也無法從我們至今仍在社會許多層面被作為無名消耗品、被悄然抹殺這個疑問中徹底掙脫出來。

的確，村上春樹的作品沒有金戈鐵馬、氣勢如虹的宏大敘事，沒有雄偉壯麗、高大豐滿的主題雕塑，沒有娓娓道來、無懈可擊的情節安排，但是他有追問、透視靈魂的自覺和力度，有對個體靈魂自由細緻入微的關懷。我想正是這點使得他的作品在日本和中國等國一直風行。在日本稱之為「療愈」，在中國不妨稱之為救贖。都是對靈魂的體認和安頓，都提供了一種靈魂安全島或者精神避難所。至少它使讀的人獲得了一種自信，我至少精神上比你強，我至少佔領了精神制高點。可能錢不如你多，權力不如你大，但是我精神上比你高尚。這就是一種救贖。就他的表達方式而言，如果把村上春樹的作品分為前後兩個十五年（今年是他出道第三十二年，姑且把他三十年的創作一分為二）。前十五年主要是通過個體的詩意操作獲取靈魂的滋潤。以

《奇鳥行狀錄》為界，後十五年主要是在個體和體制或者制度之間的關聯和衝撞中爭取靈魂的自由。顯而易見，在前十五年的作品中，村上春樹總是讓他筆下那些游離於社會之外的主人公們處於不斷失落、不斷尋找的循環過程中，通過這一過程傳達高度物質化、程式化、資訊化、高度發達的資本主義社會以及後現代社會的現代都市人的虛無性、疏離性，以及命運的不確定性，傳達他們心裡的孤獨、寂寞、無奈和感傷。但村上春樹從來不讓主人公們愁眉苦臉、唉聲歎氣，更不讓他們怨天尤人、氣急敗壞，而大多讓他們在黃昏時分坐在公寓套間和酒吧裡，看著窗外的霏霏細雨，半喝不喝地斜舉著威士忌酒杯——詩意地、審美地、優雅地把握現代人種種負面感受，並使之詩意地、審美地、優雅地棲居其中。同時不動聲色地提醒每一個人：你有沒有為了某種功利性目的或主動或被動地抵押甚至出賣自己的靈魂，你的靈魂是自由的嗎？從而促使每一個人堅守靈魂的制高點，尋找靈魂的自由和出口。

問題是，僅靠個體心靈本身的詩意操作來獲取靈魂的自由有其局限性，有時候很難找到靈魂的自由和出口。這是因為，人們要面對體制，而體制未必總是那麼健全、溫柔和美好，有時甚至扼殺靈魂的自由。這樣，勢必同體制發生衝突。於是村上的創作進入後期，進入下一階段的十五年。其標誌性作品是《奇鳥行狀錄》，這是一部真正的鴻篇巨制。哈佛大學教授傑魯賓認為這「很明顯是村上創作的轉捩點，也許是他創作生涯中最偉大的作品」，看完絕對可以讓人三五天甚至一個星期緩不過勁來。在這裡，村上春樹站在一個高度，一個多數日本作家不曾站過，甚至不敢站的高度，那就是他把強行剝奪個體整個自由的原因歸於日本第二次世界大戰結束前的天皇制和軍國主

義。二〇〇二年的《海邊的卡夫卡》大體延續了這一主題。經過二〇〇四年的《天黑以後》這部實驗性作品之後，今年二月十五日，村上春樹獲得了耶路撒冷文學獎。他在耶路撒冷受獎儀式上做了一個題為《高牆與雞蛋》的講演。講演中，村上春樹態度鮮明地表明瞭自己作為作家的政治立場：「假如這裡有堅固的高牆和撞牆破碎的雞蛋，我總是站在雞蛋一邊。」也有人將之翻譯成《牆與蛋》。但我琢磨，在中國話裡光說個「蛋」總有點不大嚴肅。當然日本人說蛋實際上就是指雞蛋，因為日本人不吃鵝蛋、鴨蛋、鵪鶉蛋。我是一個環保主義者，絕不吃野味，別人吃我管不了，但至少做到自己不吃。我在日本有一個同門師弟，他環保得更徹底，到任何飯店吃飯都不用一次性筷子，都是自己帶著筷子。我們應該有這麼一份情懷，要有愛心、悲憫意識。我們缺乏悲憫意識，一草一木、弱小的生命、弱小的動物，我們怎麼忍心把它們吃掉？吃了很補，咱們廣東人很講補，其實你看一下中國男足，簡直不堪一擊，這些傢伙都補到哪裡去了？人家外國人也沒補，哪個國家踢得不比我們強？不要迷信那些東西。甚至有人把吃野味當作身分的象徵，那也太卑鄙了。我認為那種心態是十分卑鄙的，以殘害生靈為樂，這算怎麼回事？高牆與雞蛋之間，「我總是站在雞蛋一邊」，這其實也是廣義上的愛，那種悲憫、同情心。當時以色列正在進攻加沙，不用說，他在以色列講演，當然是對以巴之爭的隱喻，高牆指以色列的軍事力量。「但不僅僅是這個，」村上春樹說，「還有更深的含義。請這樣設想好了：我們每一個人都或多或少是一個雞蛋，是具有無可替代的靈魂和包攏它的脆弱外殼的雞蛋。我是，你們也是。再假如我們或多或少面對立於每一個人之前的堅硬的高牆。高牆有個名稱，叫作體制。體制本應是保護我們的，而它有時

候卻自行其是地殺害我們和讓我們殺人，冷酷地、高效地，而且系統性地。我寫小說的理由，歸根結底只有一個，那就是為了讓個人靈魂的尊嚴浮現出來，將光線投在上面。經常投以光線，敲響警鐘，以免我們的靈魂被體制糾纏和貶損。這正是故事的職責，對此我深信不疑。」那麼體制指哪些呢？村上春樹在演講後不久，接受《文藝春秋》雜誌的採訪，對於體制，他提了這麼兩種。其一，第二次世界大戰結束前的日本，天皇制和軍國主義曾作為體制存在，其間死了很多人，在亞洲一些國家殺了很多人，那是日本人必須承擔的事。村上春樹的父親也作為侵略者中的一員來過中國。「我作為日本人在以色列講話應該從那裡始發。雖然我是戰後出生的，沒有直接的戰爭責任，但是有作為記憶承襲之人的責任。歷史就是這樣的東西，不可簡單地一筆勾銷。那是不能用什麼『自虐史觀』這種不負責任的說法來處理的」。其二，體制還包括宗教激進主義等其他多種因素。「人一旦被捲入宗教激進主義，就會失去靈魂柔軟的部分，放棄以自身力量感受和思考的努力，而盲目地聽命於教義。因為這樣活得輕鬆，不會困惑，也不會受損。他們把靈魂交給了體制」。

實際上世界上發生的很多事都與這個有關，恐怖事件、人彈襲擊，大體都是如此，他們把靈魂交給了體制。結果使得自己的靈魂陷入「精神囚籠」。他指出這是當今世界「最為可怕」的事。在剛剛出版中譯本的《地下》這本書中，他所寫的歐姆真理教事件，也就是東京地鐵沙林毒氣事件就是個「極端的例子」。因此，村上春樹認為文學或物語是也必須是對抗「精神囚籠」和體制的一種武器，在對抗中為自己、為讀者爭取靈魂的自由。他說：「看上去我們毫無獲勝的希望。牆是那麼高那麼硬，那麼冰冷。假如我們有類似獲勝希望那樣的

東西，那只能來自我們相信自己和他人的靈魂的無可替代性並將其溫煦聚攏在一起。」最理想的社會當然是沒有高牆的社會，沒有高牆也就無所謂破碎的雞蛋。整個社會好比一個巨大的孵化器，保障每只雞蛋都有新的生命破殼而出——孵化自由，孵化個性，孵化尊嚴，孵化和諧。可是，任何社會、任何團體、任何組織都不可能沒有高牆。而且高牆也分兩種，有保護每個人的，又有貶損以至囚禁每個人，尤其囚禁人的靈魂的。而在後一種情況下，就面臨村上春樹式的選擇：在高牆與雞蛋之間站在哪一邊？而最為觸目驚心的場景，無疑是所有人都站在高牆一邊，最後所有人都淪為破碎的雞蛋。總之，村上春樹的文學作品是關乎靈魂的自由的東西。以剛才的「高牆與雞蛋」比之，前十五年主要從雞蛋內部孵化靈魂的自由，後十五年則設法在高牆面前爭取靈魂的自由。前者是「小資」，後者是鬥士。二者都是村上春樹，都是為了「靈魂的自由」。

在中國，經過三十多年改革開放，我們不少人已經把自己的肉身穩穩當當、舒舒服服安頓在裝修考究的公寓套間，甚至別墅和賓士、寶馬這樣的小汽車空間中，我們的軀體獲得了自由。可是我們的靈魂呢？靈魂是自由的嗎？放眼周圍種種現實，我痛切地感到無論如何是到了安頓靈魂、看重靈魂的質地和自由的時候了！我們再不能眼睜睜地看著自己的靈魂在高牆面前卑躬屈膝、在物欲橫流的髒水溝裡痛苦地翻滾。

2012年於華中科技大學演講
龔穎迪根據錄音整理

時代的閱讀深度

張　煒　著名作家

　　好的作品，首先需要好的閱讀者。很多人認為閱讀是一件非常簡單的事情，與寫作經歷漫長的磨煉相比，閱讀在我看來也是差不多的。傑出的讀者與傑出的作家同樣難能可貴。我們遇到非常自信的讀者或是評論家，他會告訴我，我寫的哪本書最好，哪本書不好。他完全相信自己的判斷，作為一個讀者，我可以理解，但作為一個寫作者，我表示懷疑。隨著時間的推移，閱讀量的提高，個人歷練的增加，我過去那種確鑿無疑的判斷就變得有問題了。一個人不能過分相信自己的判斷，會有各種各樣的原因產生閱讀上的誤區。

　　我對網路的接觸很少，所以作為一個讀者，我很難想像如何從電子顯示幕上去閱讀文學作品。有人說是閱讀習慣的問題，「五〇後」的人與「八〇後」、「九〇後」的人的閱讀習慣就完全不同。但以我微少的經驗來說，還是不能同意。因為讀一部文學作品不是讀一則消息，不是要迅速去了解和掌握一些資訊，它是一種緩慢地用語言去感悟的過程。它不是看過而已，而是要與文字摩擦，有一種親密的接觸度。閱讀文學作品，我是指一些雅文學，或是純文學作品。我今天晚上談到的文學概念，全部不包括通俗文學，不包括一般的消遣娛樂的文學作品。

　　我們今天的閱讀面臨的危機在哪裡？主要是因為提供給我們的讀

物太多，似乎到處都是可以讀的東西，報紙上有很多千奇百怪的故事，網路上電視上，都是這些東西。如果把這類東西細細閱讀和傾聽的話，我們每天的時間不是被填滿，而是根本就不夠用。那些想節省時間的慎重一點的讀者，不過是要看一下出版社推薦的、報紙介紹的、名家力推的所謂傑作。即使這樣，時間仍舊遠遠不夠用。

越是出版物多，「傑作」也就越多，不停地產生「大師」，實際上經過一段時間之後，人們會發現很多出版物可能是一些糟粕。這是商業主義在作祟。重商主義時代無法杜絕虛假資訊，這本來就是它的一個組成部分。當我們閱讀之後就會發現，我們面臨的最大的問題不是可讀的東西太多，而是沒有好的作品可讀，我們當前面臨著的是一個空前的閱讀困境。有人會質疑，真的是像你說的這麼貧乏嗎？你如果閱讀標準高一點，苛刻一點，就會發現我們現在可讀的作品太少。

就在這一次次的困惑面前，我們作為一個讀者，對我們這個時代的文學創造力產生了疑惑。可能是環境污染的緣故，空氣和水土改變了我們的生命質地。這真的是一個世界性的文學貧瘠的時代，國外有漢學家指責中國一些文學作品是垃圾，可是從大量翻譯過來的「大獎作品」來看，情況也差不多，甚至更加讓人失望。原來這種失望不是來自某個族群，而是世界性的悲劇。我們的當代文學家失去了巨大的創造力，在十九世紀以前文學巨匠的映照之下，更加感到他們已經喪失了撼動人心的力量。這絕不是某一個民族的窘況。我們個人閱讀的參照座標太少了，在我們眼前的全都是一些不那麼優秀的作品。這是很正常的現象。我們常常懷念過去的文學作品，它們讓人感動，帶給人巨大的精神力量。但是過去的經典是以一百年甚至幾百年為座標。在當代短短的幾十年裡，目光所及都是當代一些作家，觀照的歷史太

短，觀照的範圍太小。實際上冷靜想一下，無論是中國還是外國，一百多年來產生的傑出作家也不是特別多。一百多年來產生的傑出藝術家，比如畫家音樂家等，也不是太多。按這種概率算來，一個人口大國一年產生那麼多作品，它們不停地滾動疊加，怎會不讓人沮喪？就是我們的觀照時間太短，我們的文學視野還不夠開闊，我們要用歷史的眼光去對待文學、對待閱讀。你會發現一個重要的改變，就是輕易不能去讀那些當代的作品，輕易不能相信當代的宣告、強調，當代所封的各種各樣的稱號。沒有經過時間的檢驗，就不能隨便使用作家的概念。我個人記得，似乎從沒有在公開的場合稱呼我自己為一個作家。將這兩個字作為職業稱謂的，最早是從港臺地區那邊傳過來的，一個人只要寫作，就說是一個「作家」。其實這種事是很難知道的，那是未來得出的判斷或來自他人的判斷。如果一個打仗的人，人家問他是幹什麼的，他自己能說「我是一個軍事家」嗎？一個當官的能說「我是一個政治家」嗎？一個從事科學研究的人能說「我是一個科學家」嗎？這是不可能的。我們從小就受一種思想影響，被告知不要受資產階級觀念的影響，不要有太重的成名成家的思想——可見這也是很難的事。當然，在成長的道路上，渴望成名成家是很自然的，問題在於有人覺得當一個科學家很難，當一個政治家更難，當一個軍事家幾乎不可能，於是就想當一個「作家」，以為再也沒有比這個更容易的了。實際上當一個作家同樣難，甚至更難。

看看詞典上的詞條，可知「作家」不是作為一個職業概念來確立的，那得有高超的技藝、廣博的修養、傑出的成就。所以一個人動不動說自己是「作家」，未免太不謙虛了。在文學職稱評定中，沒有「一級作家」、「二級作家」這樣的提法，而是稱為「創作員」，這是

對的。

　　隨著年齡的增長，人會越來越明白一個問題，即把閱讀的時間節省出來是非常重要的。對寫作者而言，沒有好的閱讀就沒有好的創作；對大眾讀者來說，沒有好的閱讀，也難得有一份高品質的生活。我們沒看到一個整天鑽在垃圾讀物中的人會有趣，會有較高的嚮往，會比較可信。如果是一名老師的話，他每天讀一些垃圾讀物，我不相信他可以作為我們的榜樣站在講臺上。有人就跟我說，現在的書店裡百分之五十都是垃圾，我說是百分之九十都是垃圾。現在製造垃圾的人，他沾沾自喜；閱讀垃圾的人也覺得自己嘗到了美味。從寫作、宣傳出版到閱讀，形成了一個垃圾的食物鏈，這是非常可怕的。有的人在現實生活中，很重視對方閱讀什麼。有沒有自己高品質的閱讀生活，很說明問題。缺少了低俗的閱讀，製造文字垃圾的人就無法沾沾自喜，整個的寫作、宣傳、出版所形成的垃圾食物鏈就會斷掉。不然，我們的社會將陷入非常可怕的精神處境，這與普遍的沮喪心理息息相關。看看報導，不少飯店在偷偷使用「地溝油」，連很高級的飯店也在使用。可是一些精神方面的「地溝油」，同樣也會被人津津有味地享用。

　　這些年交流漸多，東方和西方，都有了觀察的機會。比如說閱讀，在國外，許多場合都能看到讀書的人。機場、車站、地鐵和飛機上，手不釋卷的人太多了。可是在國內就不是這樣，常常是一個很大的候車室裡只有一兩個人在讀書，讀的可能還是通俗讀物。我們這兒更多的人在看電視，被一些低俗的娛樂逗得咧嘴大笑，越是趣味低下越是招人喜愛。我們的閱讀生活一天比一天嚴峻，越來越多的人處於經典之外。曾經遇到一個做中國古典文學研究的人，而且主要是研究

清代小說的，居然沒有讀過《紅樓夢》。他認為讀原著根本不需要，有那麼多研究這本書的人，電視上也講它，「我已經知道得夠多了」。多麼可怕，一個學人荒唐到如此地步，簡直讓人無話可說。一個中文系大四學生堅持說英國詩人葉芝是個女的，諸如此類。我們現在到了一個非常危急的時刻，就是要挽救我們的閱讀。我們國家的人是比較不願讀書的人，而是更傾向於看電視、上網的人。這樣可怕的環境並非突然形成的，它由來已久，是漸變而成的。本來我們是一個知書達禮的民族，所謂的詩書之國，擁有詩經和諸子散文，有李杜詩篇萬古傳。而今到了什麼地步，大家有目共睹。

我們身邊的優秀者非常之多，那麼好的大學生，青春、可愛的面孔，也有那麼好的知識分子，淳樸的勞動者……可是當他們作為一個群體出現的時候，有時就會改變。一群吵吵嚷嚷的人，一群除了關心錢和權勢不再關心其他的人。這群人沒有信仰，不相信絕對真理，比較不願意讀書，很喜歡看電視和上網──陌生的人會這樣概括我們的特徵。這是我們的傷痛。隨便到某個國家，我們也會發現全家中心擺放一個大電視機的，往往就是中國人。這是他全家生活的中心，電視領導著全部。而當地人對電視遠沒有這樣的尊重和依賴，難得給它那麼顯著的位置。他們對這種現代傳播工具抱著一種稍稍疏離的態度，因為它太吵，它用特別的娛樂方式將人引入浮躁不安，不如書籍更讓人安靜，帶來思索和想像的幸福。

有一次到一個漢學家去，吃過晚飯後兩口子就在屋裡忙活，像是找什麼東西──最後才明白他們在找電視機。原來他們不記得它放在哪裡了。後來終於找到了，一個很小的黑白電視機。為什麼要找？因為當天晚上要播放女主人在電視臺做的一個朗誦節目，他們想看一

下。節目開始了，太太穿一身黑色的套裙，邊走邊朗誦一本詩集。兩口子看看客人，相視而笑。

十四年前到美國去，前不久又去，到了同一座小城。有一個令人驚訝的發現，就是這兒一點都沒變，房子還是那樣，街道還是那樣。這裡的景致沒有變，人的面孔也沒有變，空氣還是那麼好，天空還是那麼藍。這個小城叫康科特，裡面住過兩個有意思的作家，一個叫愛默生，一個叫梭羅。這麼漂亮的一座小城，就像童話裡的場景。今天我們一些城市、一些區域實在也算漂亮，湖水幽美開闊，有好多涼亭，草地樹木茂盛，像夢想之地。但是冷靜下來想一想，有些國家和地區這樣的地方太多了，簡直遍地都是，或者比這裡的景致還要好。就是說，那裡的草更綠，樹更茂，水更清。我們可以在城市的某一處用力經營一片風景，可是全城的問題無法解決——天空很低，再加上煙霧，到處污染成這樣，局部的美景也就大打折扣了。

一個經濟強大的國度，如果是由精神萎縮的個體組成，最後還將很快衰落。看一個民族的力量和前途，最終要看這個民族的個體素質，看精神面貌。像一座美好的城市一樣，真正的經典也是長久不變的。一個地方的人錢多了，可是人的素質並沒有比過去變得更好，而且有可能變得更差。走到大街上即可以看到人的精神狀態，因為這是不可藏匿的。文明的族群讓人有一種安全感，有一種生活的溫暖和幸福。人們之間即便不認識，相互見了都會微笑點頭。幾乎每一個人見了路人都像見了朋友和親戚一樣，這是普遍的愛和溫情。可是如果換了另一個野蠻的地方，這樣做就會被疑為精神病患者。野蠻之地人與人的關係，首先是厭惡，是提防和敵視。在這樣的群體裡生活還有什麼自尊可言？即便錢再多，被這樣的群體包裹，也只能有一種惡劣的

心情。中國在清代是世界上的經濟大國，可是沒有強大的精神，還是很快地衰落。一個民族最重要的還是人民的素質，還是精神的力道。一個民族把全部的時間、熱情、精力都投放在「錢」上，這個民族也就到了最脆弱的時期。幾十萬人口的城市竟然找不到一個能讀詩的人，找不到一個熱愛經典的人；雖然讀了中文系，可是從未熱愛過自己的專業，這樣的族群是多麼可悲，多麼危險。在這裡，文學哪裡僅僅是一門專業，它顯現了人類對於真理的追求力、對於美的追求力。

我們完全回避那些沒有意義的閱讀是很難的，不讀就不知道好在哪。所以我們不能也沒有權力讓自己與經典隔絕。要把有限的時間用在閱讀最好的作品上，當然這裡不完全是文學。所以我自己給自己定下的規矩就是要少看電視。我十幾歲開始寫作所養成的寫作習慣，仍舊抵不過電視劇對我的改造。所以要投身寫作的人，電視劇壓根就不能看。即便是一個比較倔強的人，也有可能在不知不覺間被風氣薰染和改造。有人認為流行的精神用不著過分警惕，它不是毒藥。然而對一個真正的創造者和思想者來說，當代流行的觀念與思潮還是難以回避。他們面臨的東西就像風一樣，一夜之間吹遍大地，具有強大的摧毀力。我曾在一篇文章上加了一個標題：「風會試著摧毀你」。因為人要經受不自覺的吹拂，在八面來風之中，人要抵禦非常困難。我們現在面臨著空前的選擇的困難，就是書有很多，但是又沒有多少可讀的東西。我給自己劃定的鐵的計畫就是，電視不看，通俗文學不花時間看。前幾天還有人跟我推薦金庸的書，因為沒有看過所以無法說好還是不好。但是我知道那是通俗文學，所以我現在沒有花時間特意去讀。

我現在更多的時間還是放在讀經典上。如果是讀過的，我曾經被

感動的，那種感動我今天仍然可以記得的話，我就會去重溫這種感動。但是你會發現，當年感動不已的一些書，今天再看似乎已不是那麼令人感動了。當年的那些刻骨銘心的記憶，今天看起來也不過如此。所讀的東西沒有變，是我們生命的性質改變了，是我們個人改變了。我們認識的能力在變化，這種重溫是一種莫大的享受。前不久有個會，讓我去做一個關於生態文學保護方面的發言。我這方面涉獵很少，就從書架上拿了一本書，一看是屠格涅夫的《獵人筆記》。這是屠格涅夫的代表作。我重讀了他的《白淨草原》，再一次被吸引住了。一個人到中年，讀過、寫過許多作品，什麼樣的閱讀體驗沒有？什麼樣的感動、失望我都經歷過了，可是當我重讀此篇文章後，這種閱讀體驗是無法交流的。一個人進入屠格涅夫所描述的俄羅斯的童年，進入了他的鄉村，他的天籟的夜空，他的那些民間故事，我作為一個異族人，完全能夠感受屠格涅夫所描述的那種生命境界，真是太漂亮了。是一種無法說出來的複雜感受。這是否就是生態文學呢？答案是否定的。可是我看了這篇從俄羅斯的自然出發的小說，喚起了我對美好生活、美好自然的強烈的保護欲，這種閱讀喚起了我強大的衝動：保護美好生命和美好自然的那種強烈願望。原來精神是這樣作用於生活的，藝術是這樣作用於生命的。我們可以設想，一個人面對著破爛的山河，被煙霧遮罩的星空，實在是心靈變質的緣故。人的心地變壞，土地才變壞。而今再也沒有躺在絮絮叨叨的外祖母身邊的童年，沒有河邊白沙上的仰臥，沒有故事和篝火，沒有了純真的童話。這樣美好的生存環境是怎樣喪失的？追問中有一種憤怒，有一種恨，有一種為保護這樣的環境去奮鬥的單純心、衝動心。對於一個中年人來說，這不是很可貴嗎？但是相反而言，我們中國產生了那麼多的環

保文學，卻無法帶來感動，我們覺得其個人的目標方向太明確。他將文學從生命中剝離出來，是為了完成一個任務。文學不能夠與生命剝離，不能僵硬地劃分環保文學、兒童文學、軍旅文學，文學就是文學。研究者可以這樣做，寫作者要渾然一體地對待生活。我們要讀經典，會發現它的美是通過了千百年來的確立和檢驗的，一定要少讀當代作品。大學課堂上，有人一直要求推薦中國的經典，於是就一次次說到了「屈李杜蘇」和諸子百家，再加兩個就是陶淵明和魯迅。他們很失望，說原以為會推薦多麼生僻的、讓人眼前一亮的聞所未聞的作家作品。這怎麼可能？經過漫長的時間篩選出來的那些經典作家，我們無法遺忘。這就像閱讀外國經典，不可能略過英雄史詩，還要提到普希金、托爾斯泰、雨果和歌德他們一樣。經典作品是在更大的時空座標裡確立的，我們無法與之隔離。我們如果整天埋首在一些娛樂性的文字垃圾裡，生活就將變成垃圾。這不是閱讀的問題，而是我們人生的全部希望所在，我們的血液中要流動經典。今天有人可能會說，照你的說法，我們的當代作家就不需要寫作了，我們也不需要辦文學雜誌和報紙了，我的回答是否定的。在座的同學，你們要注意一個問題，所有的經典作品、經典作家都是從他的當代中產生的。離開他的當代，就沒有他的生命、他的寫作。在當前可能是紅極一時的人物，再過個一百年人們就會覺得他寫的東西很差。還有人，比如說卡夫卡，經過了時間的淘洗，其作品成為藝術的珍寶。我們個人還要有一種民族自信，判斷的尺度要放大，但是我們盯住當代的眼睛要雪亮，盡可能地保持個人最大限度的敏銳和判斷力。這種閱讀其實就是一次相伴行走，說不定還是走向經典的一個過程。我們心目中的經典作家是生活在另一個時空裡的，他與我們今天面對的許多問題有的相同，

有的相差巨大。我們有許多當代感觸、見解和分析，也只有從同一個時代的靈魂中去印證，這是特別有意義的事情。比如說一個作家今年五六十歲，和我們同時生活在一個改革開放的當下，他面臨的全部歡樂和煩惱跟我們相似，那麼他的精神面貌如何？這對我們的參考力、求知心和好奇心誘惑會大一些。時下的全部問題，他的答案是什麼？他煥發了怎樣浪漫的想像？他的評說、責難、感慨，所有的一切都構成了一次當代人性的抽樣檢查，這當然是有趣的。

　　某一個人的文字把我們打動了，我們在心裡給他留下了一個位置，那是我們隱秘的貯藏。某一天你遇到了這個人，或許非常失望：訥于言且不敏於行，相當平凡。進一步相處，又發現這個人性格不好喜怒無常。但你還是忍住了，因為只有你自己知道，某一年他的某一篇文字深深地撥動過你的心弦。你認為自己沒有理由對這樣的一個人過分挑剔。

　　是的，這樣的經歷太少了，我們需要珍惜。如果創造經典的某位今天活著該是多麼好，讓我們看看他、聽聽他的聲音，向他傾訴這個時代的故事。可惜這只是一個夢想。我們願意偏執地認為：某些文字的創造者要多完美有多完美，他們沒有缺陷，他們的名字就是完美的代名詞。但是在現實中我們卻不一定認識、認可他。茫茫人海，一個千尋不得的人物走到我們面前，我們卻不認識他。凡·高當年一幅畫都賣不掉，吃飯都成問題，缺少朋友，也缺少愛情。這就是他，一個痛苦的生命，一個偉大藝術家的命運。一切都是因為時間的吝嗇，它藏匿的隱秘不給予我們，讓我們無從判斷。對於藝術的誤解從來都是經常發生的。所以，對於這些方面，我們一定不可輕易相信大街上的話，不要相信那些流布在風中的嚎叫。我們要從小培育自己的倔強意

識，訓練一雙執拗的慧眼，勇於懷疑，獨自注視那些沉默的角落，從一些相對寂寞的角色身上發現什麼。這是最困難也是最有意義的。當我在閱讀中發現這樣一個人的時候，我的那種快慰好像他的文字是我寫出來的一樣，實際上與我毫無關係。只是感動，但無論如何我會去尊重他，因為在廣泛的閱讀中能夠深深撥動靈魂的文字太少了。我今天想強調的是，我們的閱讀，我們的純文學閱讀，一定要抓住。人在每一個年齡段裡對純文學的領悟力和熱愛程度是完全不同的。人生總有一些機會，它們似乎可以被抓住。每一個年齡段對於美的領悟能力和熱愛程度是不同的。有的人說我每天多忙，哪有時間閱讀？有的人羅列了自己的一天，這其中唯獨沒有閱讀的記錄。那些在生活中掙扎、貧困甚至是處於饑餓中的人，當然不能奢望總是有一杯茶、一本書。可是我們同時又知道，最美好感人的書籍，更多的時候並不屬於那些生活非常優越的人，而是屬於痛苦不安、在生活中掙扎的人。所有的傑作、所有偉大的靈魂，都特別體恤弱小和不幸，與憤怒不平的心跳正好節拍相合。我們沒有任何理由因為個人的生活狀態而去拒絕閱讀。

2010年於華中科技大學演講

陳晨晨根據錄音整理

文學的變與不變

韓少功　著名作家

　　我們今天晚上做一個簡短的交流。題目在螢幕上已經有了。說實話，我剛才有一點吃驚，發現來的人特別多，讓我聯想到二十世紀八〇年代，中國有一個「文學的井噴時期」。那時候文學期刊動不動就發行幾十萬冊甚至一百多萬冊，作家走到哪裡都很吃香，如同歌壇的明星，可以聽到粉絲們的尖叫。當時很多青年廣告徵婚，都標榜自己「愛好文學，愛好哲學」。但幾十年過去了，現在如果還有人那樣徵婚，肯定會被好多人看成神經病。在網路上，「文青」似乎已是一個負面用詞。江蘇電視臺有一檔徵婚節目，相親男士們如果在那裡宣稱自己是文學青年，通常導致相親女士們滅燈最快。國外似乎也好不了多少。有時候我們在那裡做講座，來了十來個人，主持人卻喜不自勝，說「今天來的人很多了。」

　　十來個人就算「很多」，這文學未免也太慘了點吧？到底發生了什麼情況？

　　據實而言，從二十世紀八〇年代到現在，文學確實已經發生了很多變化，我們至少可以注意到以下幾個方面。

　　一是文學的認知功能弱化。在沒有互聯網、電視、廣播、報紙的時代，作家幾乎是最重要的社會資訊報告人，文學是主要的資訊工具。那個時候的文學家很幸運，怎麼寫都有人看，都讓人覺得新鮮、

珍貴、很有用。思想家荀子說：「天下不治，請陳佹詩。」這就是說，中央要了解情況，要安邦治國，要發動文學家來寫詩，相當於寫現在的國情調查報告。漢代出現了一種叫「賦」的文學品種，其特徵就是鋪陳白描，如果寫到華科大，必定是其上如何如何，其下如何如何，其左如何如何，其右如何如何，日月山川，木石蟲魚，面面俱到，不厭其詳。歐洲人也差不多。巴爾扎克寫一條街道，托爾斯泰寫一個修道院，也可以有幾頁甚至十幾頁的靜態細節描寫，使文學具有某種百科全書的性質，含生物學、地理學、建築學、民俗學等各科知識，有一點「漢賦」的風格。現代讀者可能會覺得那些作家過於囉唆，差不多是話癆，讓人不耐煩。其實那時的文學就相當於今天的電視黃金時段，報紙的頭條新聞，作家們的「囉唆」自有正當的理由。當然，時至今日，我們有了文學之外的各種新興資訊工具，了解彼得堡，不一定要通過托爾斯泰的小說；了解巴黎，不一定要通過波德賴爾的詩歌。雖然文學還是多種資訊工具之一，還有個性化、具象化、深度化、虛構化等不可替代的長處，但它的壟斷地位或霸權地位確實一去不返。電視、互聯網的出現，可能給文學書刊的發行量今年劃掉一個零，明年再劃掉一兩個零。強大的新聞業呼風喚雨，已經使文學的認知功能在很大程度上轉移給了其他的資訊工具。

二是文學的娛樂功能弱化。我小時候翹課和曠課，常常是因為迷上了一本《水滸傳》或《林海雪原》。那時候的娛樂方式不多，因此詩歌就成了美酒，戲劇就成了節日，小說就成了「快樂大本營」。在《紅樓夢》的大觀園裡，幾個富二代偷偷摸摸讀《西廂記》，在正人君子眼裡就算「不正經」，是「玩物喪志」。詩歌的地位也很低下。宋代學者朱熹曾經誓言「決不寫詩」。陸游是大詩人，卻需要經常自

謙，說自己的詩不過是「閑言語」，大概大家都覺得詩歌屬於不正當場所，高大上人士在那裡偶然出入，一旦被曝光就有失體面。戲劇、歌星、笑星一類的地位就更低了，一直被列入「倡優」之列，「三教九流」之列，從業者的身分很低。但時至今日，據說一個「娛樂至死」的時代正在到來。娛樂的方式和裝備五花八門、日新月異，娛樂業成為能呼風喚雨的朝陽產業。相比之下，四大古典文學名著和唐詩宋詞等突然都成了「嚴肅」文學，「嚴肅」得像數學，連某些文科學子也覺得這是一種苦差事。如果不是為了應考升學，他們何必認識魯迅？他們可能更願意去打電遊、蹦迪、K歌、旅遊、看走秀、看球賽……再不濟也要玩玩手機。世界各地都有孩子們在抱怨：你看我老爸老媽多壞，週末還要在家裡讀小說！在這種情況下，文學還有娛樂性嗎？還會有粉絲嗎？當然還會有。只是沒有經過一定訓練和教育的人，對文學不一定樂得起來，因此它越來越像一種「小眾」產品，其娛樂性正在大量流失，向其他娛樂方式轉移。

三是文學的教化功能弱化。「教化」這個詞可能讓很多人不以為然。不過人類與動物的區別，就在於人類是有文化的，有教化的。假如有人說，你叫他親爹，他給你十元錢，恐怕多數人都不會幹；如果這個價碼提到一百萬元，很多人可能就扛不住了。前一個事實，無非是證明絕大多數人還是有道德準則的。後一個事實，則證明道德準則高的人不會太多。這個或高或低的彈性準則，顯然就是文明教化的結果，不是天上掉下來的。古代歐洲的主要道德教化工具是宗教，但中國除了西藏、新疆等地，漢區的宗教傳統偏弱，其替代工具就是四書五經，其中有《詩經》。「詩」也成了「經」，成了最高指示。鄉下老百姓講道理，動不動就會拿關公、嶽飛、孫悟空、諸葛亮、包公來說

事，實際上是去戲劇和小說裡找根據，找天經地義和「心靈雞湯」。這就是學者錢穆所說的，中國人的「倫理是藝術化的」。也是北大老校長蔡元培所說的，中國宗教力量不夠強大，因此得「以美育代宗教」。這個美育主要指文藝，當然包括文學。

自進入工業化的現代社會，宗教或儒學逐漸衰頹，文學的教化功能就更被放大了。「上帝死了」，雨果主義、托爾斯泰主義等應運而生，他們的作品成了上帝的代用品。「打倒孔家店」以後，魯迅、巴金、郭沫若、茅盾等文學家的作品，曾是一兩代人的精神路標，改變了很多人的人生命運。作家在那時被譽為「人類靈魂的工程師」，想想看，能管理靈魂的，不就是上帝或准上帝嗎？不過，這種情況並不是歷史常態，至少在眼下，就總體而言，價值觀的迷茫和混亂倒好像是首先從文學家那裡開始的。作家阿來說過：打開你們的手機，查一下各大文學網站排名前十的小說吧，恐怕大多數都是吃喝玩樂，甚至男盜女娼。在很多時候，鼓不鼓勵自己的孩子們讀小說，已經讓很多父母十分糾結。很多人說，這是一個物質化和個人化的「小時代」，文學家根本不必要也無能力充當精神教主的角色。因此，每年都有所謂作家財富排行榜炒作得熱鬧非凡。作為一個作家，我當然希望同行們都吃香喝辣，但財富如果能夠成為評價作家成功的一個標準，那麼按照同一邏輯，我們是否也該評選最富的公務員、最富的法官、最富的和尚、最富的新聞記者……如果這些評選顯得很荒唐，那麼有關炒作是否都在向人們發出可疑的價值信號？

綜上所述，認知、娛樂、教化三種功能的弱化，是不可回避的事實。其中哪些屬於不可逆的變化，哪些屬於可逆的變化，不容易看明白。由此產生的困境不全是因為文學界無能，而是因為文化生態正在

出現劇烈變化，我們要適應也許還需要一個過程。

　　世界上的變化有兩種：一種是可逆的變化，比如秋天過去了，春天還會再來；另一種是不可逆的變化，比如人死了沒法複生，腦袋割了沒法接上去。一個網路化、數碼化的時代，看來就是典型的不可逆變化，就像人類有了紙張以後，無法再回到沒有紙張的時代；有了印刷術以後，無法再回到沒有印刷術的時代。不過，當這種不可逆變化與可逆變化兩相交錯，我們又該怎樣小心地辨析和把控？事情常常是這樣，變中有常，變中有恆，變中有不變。傳統形式的小說、散文、詩歌、戲劇看來正在相對收縮。但換一個角度看，作為廣義的文字之學，文學似乎反而進入了一個瘋長階段，正在迅速地擴張和繁榮。手機段子是不是新的小品？博客是不是新的隨筆？流行歌曲是不是新的詩詞？電視連續劇是不是新的長篇小說……這些新產品雖然跨媒體或多媒體，但都富含文學元素，都離不開文學的支撐和推動，幾乎就是改頭換面的文學大升級。既然如此，那我們就得來看一看，有關文學的哪些基礎性命題還值得再提一提。

　　其一，人類永遠需要語言文字。多年前，電話普及的時候，很多人擔心大家都不寫字了，但一旦博客、微博出現，網友們寫字其實更多。到後來，電視、視頻出現的時候，很多人又認定「讀圖時代」到來，文字還是可能要作廢。不過這種預言仍然不一定靠譜。我們都相信音像技術及其產品將在未來的文化生活中越來越重要，這沒錯，但錢鍾書先生很早以前就說過，任何比喻都沒法畫出來。比如說愛情，說「愛神之箭射中了我的心」，你怎麼畫？畫一支血淋淋的箭刺穿心臟嗎？用「放電」來比喻愛情，同樣是不可畫，你畫一些插頭、插座、電線，還是畫電閃雷鳴、金光四射？文學的修辭之妙，常常表現

詞語的錯接、重組、巧配、虛擬，超越實體原貌和物理邏輯，因此不可畫，也不可拍攝，是「讀圖」夠不著的地方。不僅如此，「窗含西嶺千秋雪」，這裡的「窗」、「嶺」、「雪」都可以入圖，但「千秋」沒法入圖。「門泊東吳萬里船」，這裡的「門」、「東吳」、「船」可以入鏡，但「萬里」同樣沒法入鏡。抽象功能一直是語言文字的優勢，是人類智慧的最大動力和基本支撐。「社會」、「思想」、「文化」、「代溝」、「生產關係」、「存在」……這一切抽象概念更無法圖像化，只能交付給語言文字來管理。我們無法想像，如果缺少了這些概念，回到一個只有畫面和聲響的世界，人類社會會是一個什麼樣子，會不會回到老鼠和猴子的思維狀態？

其二，人類永遠需要有情有義的價值方向。一個紙醉金迷的物質化時代，是很多特殊原因造成的，不會是人類歷史的終點。錢當然很重要，一分錢難倒英雄漢麼。但是在溫飽線以上，對於個人幸福感來說，錢的邊際效應其實會逐步減退。吸毒、犯罪、邪教、精神病等並不全是貧困的產物，恰恰相反，倒常常是物質財富增多時的伴生現象。世界衛生組織的專家們已經宣布，精神病眼下已成全球非傳染病中的第一大病患，這當然與全球性的價值觀混亂密切相關。在這種情況下，我們需要繼續警惕偽善，警惕各種有害文化的滲透，確保人的精神自由。但二十世紀以來幾乎失控的惡搞上癮，以及各種折騰，並不能改變這樣一種事實：人終究是一種群居生物，需要共存和互助；人終究是一種高智慧生物，需要文明和精神。在這個意義上，「有情有義」不過是人之為人的一條價值底線。有一次，我在家門口看到一場車禍，一輛高檔豪車撞倒一輛自行車，受傷者是穿著破舊的農民工。當時圍觀者議論紛紛，大體上分為兩種觀點。一種是說這個開車

的一看就是有錢人，這次不被狠狠地訛一筆，恐怕脫不了身。另一種是說這個受傷者肯定倒楣，沒看見人家范兒足、來頭大嗎，撞了你肯定只能是白撞！事情就是這樣奇怪：兩種議論者都只關心錢，卻不關心地上的流淌的血，沒想到首先要去打120急救電話！在座各位中有過鄉村生活經驗的肯定知道，一隻雞在看到另一隻雞被宰殺時也會顫抖的，一頭牛看到另一頭牛被宰殺時也會流淚的，為什麼人看到人血時反而麻木不仁？

如果文學與一般的娛樂還有所區別的話，價值觀的真偽、高下、清濁當然是鮮明的分野，有情有義當然是最重要的識別標誌。其實做到這一點並不難，並不需要多少新觀念和新技巧，更不需要高成本和高科技。古人能做到的，現代人沒理由做不好。奇怪的是，眼下有些專家對高成本和高科技用心太多，不惜砸重金，不惜拼老命，一個勁地拼浮華、拼奇異、拼明星陣營、拼高科技……偏偏對情和義用心太少，對當代生活中情和義的觀察、體驗、表現、創造用心太少。戲不夠，鬼來湊；戲不夠，錢來堆。由此產生的文化空心化和速食化，與這個時代人們普遍的精神空虛正好構成了一體兩面。

其三，好作家永遠需要經驗和學養兩種資源。眼下有一些投資文藝創作的「公司」，以為文學生產可以工業化，是一些可能的吸金項目，因此雇一些槍手，包幾間套房，收羅一些資料，搞幾次策劃，再簽合同，打出訂金，似乎就可以像流水線一樣炮製精品力作了。有些地方政府的領導也相信這種生產方式，動不動就建園區和賞重金。要說服他們，說文藝不能如此急功近利，靠錢砸不出來，說好多「神劇」和「雷劇」就是這樣造出來的，不是一件容易的事。其實，文學從來沒法「大躍進」，不可能工業化，要不然華爾街為何沒有包攬文

學獎？一度富得流油的海灣各國，為何也沒冒出幾打托爾斯泰或曹雪芹……文學繁榮有賴於各種條件的因緣聚合，特別是依賴作家們的素質，依賴他們親歷性的生命痛感以及刻骨銘心的人生體悟。一般來說，好作家並不是篇篇都好，好作品也不是句句都好，真正構成核心競爭力、構成作品之魂的那些所謂「詩眼」、「文眼」、「戲眼」，其實就那麼一點點。但正是這些「一點點」，成為開花結果的種子，即使在好作家那裡也極為稀缺，而且都是一次性消耗，沒法用工業化的手段來加以複製，更沒法靠金錢來速成和助長。

這種稀缺資源只能靠作者「行萬里路」慢慢熬出來，靠「讀萬卷書」慢慢釀出來。「萬里路」不是指旅遊，是指經驗資源的積累；「萬卷書」不等於文憑，是指學養資源的積累。這兩種資源互生互動，意味著一個系統性的成長過程，甚至「國家不幸詩人幸」，「文章憎命達」，是一個在困頓和危機中的成長過程。眼下，中國正在邁向小康，作家很容易當了──其實也不那麼好當了，因為很多人都都市化、精英化甚至職業化，靠國家供養和市場龐大這雙重福利，日子越過越滋潤，越過越熱鬧。我們肯定不忍心再把他們關進「牛棚」，或逼他們去打仗、耕田、扛包、流落街頭甚至混進流寇海盜……但如果他們對生活的體察，僅僅依靠餐桌上刷的幾個段子，靠街頭幾張八卦小報，靠觀光式的若干次「下基層」，恐怕是遠遠不夠的。如果他們只是眼紅紅地要成功，一開始就沒想當一個好作家，不願接受「萬里路」和「萬卷書」的長期苦熬，那我們就只能幹著急。我們就算砸下成千上萬的項目經費，恐怕也還是揠苗助長。

據最新消息，人工智慧已經被引入文學創作，比如日本、美國就有人嘗試用機器人寫詩和寫劇本。這有何不可？特別是對那些配方化

的、套路化的、類型化的寫作而言，眼下的不少「槍手」──以前叫作「文匠」的，差不多就像肉質的機器人，為什麼不能用機器來替代他們？為什麼機器人不可以幹得更好、更快捷？機器人既然可以下棋，幹掉一個個棋手，當然也可以生產文學，幹掉一個個作家。也許可以相信，在各個生產領域，大部分中低端勞動將來都可能逐步被人工智慧接管，文學沒有理由例外。但事情有另一面，人類各個生產領域都永遠需要高端勞動，需要創造和創新，文學同樣沒有理由例外。生活是文學創作的源泉。如果機器人不能活得像人一樣豐富，不能像人一樣生老病死、生離死別、恩怨情仇，就沒法提供這種源泉，就只能「聰明」地翻新一些二手貨、三手貨、四手貨，永遠停留在速食化的低端層面。經驗和學養這兩種資源意味著特定人生的充分蓄積，是生長某種精神奇跡的長期功課，是文學領域裡高端勞動的必備前提。至少到目前為止，謝天謝地，機器人對此還力所不及。而人之所以區別于機器人的最終價值和最高價值，用任何邏輯程式也不足以類比的價值，也許正是在這裡昭然若揭。

我就說到這裡，謝謝大家。

2012年於華中科技大學演講
華中科技大學當代寫作中心供稿

民間故事與現代小說

格　非　著名作家

　　同學們都知道莫言剛剛得了諾貝爾獎，他得獎的時候我正好在倫敦，我打開電腦一看，莫言得獎了，我以為又是誰在搞惡作劇，有點不敢太相信，看了半天，覺得這好像是真的，所以馬上給莫言發了信祝賀。我們這幾天也在討論這個問題，可能中國人對於諾貝爾獎的想法是，太高不可攀了，太神秘了，所以莫言得獎有助於我們打破這個神話，破除迷信，讓大家能夠比較心平氣和、比較正確地來看待這個東西。我回到北京以後，一出機場就碰到一個司機，這個司機就跟我說莫言得獎的事情。我就問他，你居然也知道呀？他說莫言得獎的那一天，他拉的乘客裡面十有八九都是到西單圖書大廈買書去的，從來不知道這哥們是誰呀，怎麼得了諾貝爾獎。

　　我們撇開這個獲獎的事情，可以非常清楚地感覺到文學這個東西在我們日常生活中的地位，確實不容樂觀。那麼今天我想講一個非常重要的問題：我們如何理解今天文學的基本狀況。我相信在座的不一定都是中文系的，但肯定都是文學愛好者，那麼我們有一個想法，今天應該怎麼面對文學這個事情，應該怎麼理解文學在當今社會的作用，它的意義，為什麼還有那麼多的人，有這麼重要的學科在從事這項工作。當然我覺得關於這個題目也不能空講，我覺得要講一些浮泛掠影的看法，所以我選了一個角度。我希望通過這個角度有助於大家

來理解文學在最近兩百年中所發生的變化,以及我們今天所面臨的文學的現實。

　　大家都理解《民間故事與現代小說》這個題目,如果說故事和小說有什麼區別,恐怕十有八九的人沒辦法回答,因為大家都知道小說裡面也講故事,而且小說當中非常依賴的一個重要方面就是故事。但是我可以告訴大家,這個故事,尤其是民間故事,和小說是性質不同的、兩個完全不同的東西。今天我首先講這個觀點,那麼理解這個觀點後,那麼我們就可以了解文學為什麼會有小說這個東西出現,或者說最近兩百年來文學中最重要的方式就是小說。當然詩歌的歷史更早,但是詩歌不是最重要的一個文學樣式,它已經衰弱了。所以今天從事詩歌寫作和詩歌研究的人,我們平白無故地會覺得他們很高貴。「高貴」這個詞聽起來有點像諷刺,實際上並非如此。若干年前,當然這個話題說起來就有點長了,我們很多人就覺得在中國這麼多年辛辛苦苦寫作,可是中國人不理解,中國這個文學環境很差,那麼我們就不要為中國人寫,就為外國人寫。大家都很清楚,二十世紀八〇年代,很多作家包括我個人也有一些糊塗的思想,好像中國人的東西老外就能理解。結果一九九六年,我到德國去,碰到有個作家在接受德國記者的專訪,他在那抱怨,中國這個國家怎麼怎麼不好,文化怎麼怎麼不好,中國老百姓怎麼世故,你看我們來到你們這個文明國家,我們這個文學終於可以獲得承認了,然後德國的記者突然把頭抬起來說:「請你告訴我,你們中國大約有多少詩歌的讀者?」這哥們說:「大概不會太多,大概也就十七八萬吧!」那個德國人說:「那比我們的國人好多了,德國讀詩歌的人不會超過千分之三。」

　　從文學外部的大環境來講,也許中國可能還是世界上最好的國家

之一，為什麼這麼說，文學在歐洲已經近乎不存在了，在日本也如此。所以柄谷行人先生——日本很重要的一個文學學者來清華講演，是我主持，他就說中國文學還沒有死。可是在世界很多國家，文學已變得非常不重要了，比如說你得個諾貝爾獎，你們知道大江健三郎嗎，在他得獎後，他的作品在日本也就賣兩三萬冊，可是在中國，隨隨便便一個作家賣個十萬冊是沒有問題的，像郭敬明、韓寒、安妮寶貝，有的時候會達到兩百萬冊，還說文學環境不好？這是另外一回事。

我就說，經歷了這麼多變化，我們反過來重新來看文學是怎麼起來的，怎麼變化的，我覺得可能要選擇一個新的角度，我比較感興趣的角度就是故事的變化。比如說我們生活在農村，我相信在座的同學很多來自農村，當然今天的農村跟我們當年的農村完全不是一回事。一個村莊裡面有一群人在那裡生活，比如我小時候生活的那個村莊，像我母親那一輩人基本上沒有出過縣城，他們不知道外面的事情。我差不多讀中學的時候家裡才通電，才開始有汽車，才看得見汽車，在那樣的一個狀況下，村莊都是封閉的。當然在這個村莊裡的人會講故事，我小時候也是聽故事長大的，所以我對民間故事特別有感情。

這麼多年來，我一直在思考一個問題：這些農民講的是什麼故事？當然這個話題不是我最先挑起來的，是德國重要學者本雅明。他提出一個重要觀點，他認為這個世界上有兩個講故事的類型，其中一個就是農民。那麼在這樣一個村莊裡面發生的事情大家都知道，誰家死了人呀，誰家娶媳婦，這個東西沒什麼好講的。外面的經歷你又不知道，那麼你要講故事給孩子們聽，怎麼辦呢？基本上是講歷史故事、神話故事、鬼故事。小時候，奶奶給我講鬼故事，她是個講故事

高手，我們坐在大門口，都沒電。講完了之後，奶奶說你再給我盛碗稀飯來，我就拿著她的碗去盛稀飯，但是要穿過堂屋，就不敢去，漆黑一團。

　　莫言也講過在農村時人們講的故事對他的影響。老百姓、老人、祖祖輩輩、代代相傳的故事是民間故事，它是開放的。故事在講述的過程中，因為不形成文字，我們的記性又不太好，所以當我把這個故事講給你，你再講給別人，假如過了一百年這個故事還在流傳的時候，你會發現這個故事跟當初流傳的原本不大相同。所以這就導致了一個問題，就是我待會要講到的故事的特點，一個最重要的特點，它是開放性的，永遠是活著的，它可以被不斷加工。比方說，中國藏族有個史詩《格薩爾王傳》，兩百多部，一千多萬字，無數的人介入其中。今天你要問個問題，誰是《格薩爾王傳》的作者，這個問題很傻的，只有今天的人才會問這樣的問題，在古代是沒人問的。這也涉及另外一個很大的問題：我們為什麼不知道《金瓶梅》的作者是誰？大家知道，人們對《金瓶梅》的作者經過大量考證，已經考證出了五十二個人。不知道他們這些人的工作有什麼意義，我覺得根本沒必要考證，考證出來了又怎麼樣？你們大家相信曹雪芹是《紅樓夢》的作者嗎，你們相信，為什麼相信了，是因為胡適做了考證形成了某種定論。可是說句老實話，我還是不相信。另外一個，是不是曹雪芹不重要，《紅樓夢》在那，它背後有作者，可能不止一個，這個問題我待會再說。所以農民在代代相傳，不斷地在講故事，通過民間故事、神話故事、鬼故事在流傳，這個故事永遠具有創造性，永遠開放，不斷提供各種新的經驗，有很多人介入其中。當然這個故事今天已經消亡了，為什麼會消亡，我待會再講。但是在過去，這個故事流傳了很

多年，幾千年，上萬年，這是一個類型的人，是農民。我們很多人可能會說，在農村生活，我們可以講講別的村莊發生的事情，比如別的村莊觸電死了個人，然後通過一些走街串巷的小販，走親戚的人，傳到這個村莊，大家會去看，也會形成某種議論。這就說明我們生活在農村，也有很多現實性的題材，但都不重要。它只是構成某種談資，某種談論的物件。

我們小時候非常寂寞，上小學的時候，老師有一天突然宣布說全班的同學到某個地方去看一眼火車，我們所有的學生都不相信，火車能隨便看嗎，就是對外面的世界充滿好奇。慢慢地，隨著交通的發達，資訊的出現，傳播手段的變革，距離開始發生變化，比如說出現了第二個類型的敘事者，講故事的人，稱為水手。那麼這個水手曾漂洋過海，能夠把遠方發生的事情作為見聞，帶回來講給當地的人聽。你們當然見過水手，但是我可以告訴大家，水手小說可能是現代小說的起源，比如當年英國還出現所謂的流浪漢小說，為什麼叫流浪漢小說，這些人見多識廣，走街串巷，去了很多地方，可以把遠方的訊息帶回原住地。那麼我這裡要跟大家區分，原本我們在農村講的故事是祖祖輩輩流傳下來的故事，它在時間上是開放的。現在出現了另外一種故事，就是他個人的見聞，現實生活中發生的事情通過遠距離的傳輸，從一個地方傳到另一個地方。大家可能沒見過水手，沒法比較，可是我小時候見過一個身分特殊的人，就是我的叔叔。他是個什麼人呢？他是一個採購員，村子裡面只有這個人可以到外面去採購，全國什麼地方他都去過。然後每當他回到村子裡的時候，村裡的居民就恭恭敬敬坐著聽他講外面發生的事情，這已成為一個保留節目。然後我小時候聽他講故事，我產生了很多的疑問，什麼疑問呢？我覺得奶奶

給我講的故事荒誕不經，但我願意相信，我叔叔給我講的故事，雖然真實，可是我不太願意相信，為什麼呢？我總覺得他在吹牛。外面的世界有這麼神奇嗎？但是我很小就明白了一個道理，即便他在吹牛，你也無權質問，因為他的經驗是絕對的，你沒去過，人家去過，他可以添油加醋、添枝加葉，所以這是一個絕對的講述者。但是叔叔的好日子沒過多久，他的時代就終結了，出現了一個更厲害的敘述者——電視機。所以我在一篇文章裡寫到，民間講故事的形式終結於一九七六年，毛澤東去世那一年。電視機第一次出現在村莊，然後家家戶戶窗戶打開，播放出來的新聞聯播的曲子都是一樣的，門都關上了，誰都坐在家裡看著那個小方盒電視，了解世界的真相，各個地方的見聞，所以我叔叔的任務完成了，採購員沒有電視機強大。

但是我要說的是，講故事的方法，從民間故事經過千萬年的流傳到抵達我們，被我們聽到，跟一個採購員、水手、電視報導正在發生的事情，這兩個方式是完全不同的。一個是基於歷史的時間的運動，另一個是基於你的見聞，你個人的經驗。你的經驗越豐富，往往你作為講述者越有效。所以十九世紀、十八世紀大部分作家都有很離奇的經歷。比如狄更斯、高爾基，中國的沈從文。沈從文當年跑到北京來，要征服世界，他不知道文學是什麼，可是他喜歡文學，他到北京來求學，要寫作，雄心萬丈。然後當時有人問他，你有什麼目標？沈從文說別的我不敢說，我這超過莎士比亞總是有希望的吧。這是一個鄉下人的執著，口氣很大，非常可愛。我覺得這個社會就怕這樣的人。他到北京的時候差不多已經跑遍了大半個中國，經歷非常奇特。大家看沈從文的小說，別老覺得他就寫過《邊城》，他有很多的傳奇故事，奇妙無比。這樣一個過程慢慢出現，水手類型的小說慢慢地成

為現代小說的雛形。

接下來我講第二個問題，故事的特點，我剛才已講了一些。我們講傳統的故事的時候，為了進一步讓大家了解這兩個東西的區別，可以從以下幾個方面來描述。第一個，講故事的人。大家如果有興趣，聽完我的演講大家可以去查閱一些相關文獻，我覺得大家可以去看看本雅明寫的那篇非常著名的文章，就叫《講故事的人》，是特別重要的一篇文章。這個講故事的人，你是看得見的，比如我現在給大家講故事，我的神色，我對這個世界是讚賞還是不讚賞，我對這個人物的態度，大家可以從我的神色來辨別。我有語氣，有特殊的講故事的這個東西、這個場合、這個氛圍，大家都了解。比如說中國有很多的說書藝人，發展到後來，你可以坐在劇場裡面聽他說書，甚至我們今天可以聽相聲，他也在講故事。你跟他之間有一種直接的交流，就是你可以聽到聲音，這個聲音裡面包含著判斷，包含著情感。跟小說不一樣，小說是冷冰冰的。所以這也可以理解，根據《紅樓夢》改編了很多電視劇、電影，幾乎沒有成功的，為什麼？因為文字所傳達出來的人物形象已經深入人心，這個林黛玉是什麼樣子的，你自己大致有一個想法，對不對，可是選再好的演員出來你總覺得不對。當然我覺得今天這個最新版《紅樓夢》是越拍越爛，完全沒法看。我覺得這也應驗了張愛玲當年的一個預測，張愛玲曾經說過，她說中國人有朝一日恐怕連《紅樓夢》也讀不懂，今天這個現實我覺得已經出現了：大部分人讀不懂。那麼，這是第一個方面的問題，就是說，它是有聲音的、有姿勢的，它是特別有機的一個講述方式。

第二個我剛才講過，它是開放的，你可以任意增加東西，可以有很多的變化。

第三個，大家知道這是裡面非常重要的，所有的故事它都包含道德教訓，故事是有意義的。我母親，也是一個講故事的高手，我小時候聽了很多故事。後來讀了大學，讀了大學以後我的那些同學，就跟我說，你怎麼了解那麼多的東西？我有的時候也奇怪，我母親不識字，一個字都不認識，她怎麼知道那麼多的道理、那麼多的故事？我後來才知道，很重要的一個原因，是直接來源於地方戲。她是看地方戲的，那麼地方戲都是講故事的，都是歷史故事，那麼她是通過這個東西來教育我的。每講一個故事的最後都有結論，就是講人應該怎麼做人。所以我覺得這是非常突出的一個特點，就是所有的故事，一般來講它都含有某種重要的道德教訓，有某種寓意，或者說勸善懲惡。講故事的人從來不吝嗇自己的意見，他會及時發表意見，說這個人是壞人，那個人是好人，這個事情應該這麼看。當然，我覺得故事裡面，它的特點還有一些更重要的東西，它有一種神秘的光環，故事它是不能複製而且不能被一次消費掉的。大家明白這個意思吧？好小說你可以看幾遍對吧，但這樣的小說，我們說耐磨性比較好的小說很少見。《紅樓夢》大概已經看過十幾遍是沒問題的，今天還在看。這樣的小說很奇妙，你可以一看再看，但畢竟很少，一般的小說你可能看了一遍知道了，就扔掉了。故事很奇妙，故事它是不可磨損的。

　　我給大家講個故事，這是一個本雅明提到的非常重要的作家，叫列斯科夫，他是一個俄國人。當這個講故事的時代消失以後，大家知道，托爾斯泰出現了，杜斯妥也夫斯基出現了，這些人都致力於描寫當時的社會狀況，不再依據傳統的神話、傳說、歷史。大家知道中國第一次開始寫真正的現實的小說，如《金瓶梅》。像《三國演義》、《水滸傳》這些寫的都是歷史故事，都是從歷史來的。《聊齋志異》

寫的是民間的鬼怪故事，是對民間的街談巷議的一個總結。列斯科夫不服氣，他覺得這個故事的時代難道結束了嗎，我能不能用民間故事的方法來表達跟托爾斯泰、杜斯妥也夫斯基這樣的作家相同的社會主題？所以他做了非常重要的嘗試。

我在清華大學給學生上課時經常講到列斯科夫這個作家，可能很多人不太知道這個人，這個人現在的聲望在俄國已經跟托爾斯泰齊名了，可是在文學史裡邊很少提及他。在中國翻譯了他的四到五本書，也是很早以前翻譯的。其中有這麼一個故事，有一個沙皇到英國去訪問。英國是工業革命的發源地，英國的機械文明是很發達的。英國的這個國王就想把這些俄國的土老帽們震一下，就送給沙皇一個禮物，一個大盒子，很精美。然後把這個禮物當面打開，沙皇發現這個盒子裡面裝著一個普通的盤子，盤子上什麼都沒有。沙皇很失望，說你不該送這個東西啊。然後英國人就說你要耐心一點，這個盤子裡邊有東西，只不過你看不見。那怎麼辦呢，需要拿個放大鏡來看，沙皇就拿了個放大鏡來，一看，裡面果然趴著一隻跳蚤。大家知道，列斯科夫講故事用的就是民間故事的方法，很神奇，現實生活中不會發生，奇妙無比。盤子裡趴著一隻跳蚤，這個跳蚤是鋼做的。然後又來了一個人，給鋼跳蚤上發條，你看用放大鏡才能照出來的一個鋼跳蚤還可以上發條，發條一上它就跳舞了，在那個盤子上跳。沙皇心裡很明白，這是英國人給我的一個下馬威，來炫耀他們英國人的機械技術，俄國人造不出那麼精美的東西。

沙皇回去很生氣，把俄國的大臣們叫來，說你們一定要想辦法給我造出一個比它更奇妙的東西來，我要回送給人家。他們把頓河沿岸所有的工匠集中起來，打造一個東西。皇帝在家裡耐心地等待，經過

很長時間，皇帝著急了派人去追問，說：「就快完了，快造出來了，再耐心一點。」

　　終於等到一個人來了，帶來的還是這麼一個盒子，一模一樣，打開以後還是一個盤子，盤子也一樣，沙皇說：「你這個沒什麼東西啊？」他說：「陛下，這個盤子裡面有個東西。」大家知道在故事當中有一個重要的技巧，就是重複，故事是離不開重複的。他在重複的時候你們會覺得，這個作家怎麼亂來啊，他怎麼重複了？但是你知道你可能還懷有期待，他可能有不一樣的地方。果然，說拿放大鏡來，一照，發現裡面還是一個跳蚤，也是鋼做的。沙皇就很惱火，人家英國人已經發明了這個東西，你就不能搞點別的嗎？你這拿過去不是丟臉嗎？送這個器具來的人是個左撇子，這個左撇子就很謙和地給皇帝鞠了個躬說：「皇帝陛下你不要著急，這個跳蚤是英國人生產的，我們確實造不出這麼精美的跳蚤，我們所做的工作只不過是給這個跳蚤所有的腳上穿了靴子。我呢，就是負責給靴子上鉚釘的那個人。」

　　很厲害，講到這我就打住，因為這個故事很長。大家在聽這個故事的時候，它裡邊也有很重要的寓意。列斯科夫講故事的方式你們一聽就知道，跟托爾斯泰、杜斯妥也夫斯基講故事的方式完全不同。我待會還要回到列斯科夫身上來，我要講講當代小說為什麼跟民間故事有關係。我為了解釋什麼呢？就是說傳統的民間故事很奇妙，它一定有民間故事的因數在裡邊。為什麼民間故事不可磨損，你們知道是由於什麼原因嗎？因為加內容的人太多了，它經過時間的考驗，很多民間故事在流傳過程中因為它不好、不奇妙，被淘汰了，以往留下來的都是精美的東西。所以本雅明舉了個例子說，它就像一塊玉石，在幾千年，幾百年的歲月長河裡邊，它被磨得鋥亮。你們看《一千零一

夜》裡面的故事，所有的故事都奇妙無比，是不是？我很多年以後就要跟我兒子說，我說你就讀那個《一千零一夜》，因為現在爸爸不能跟你講故事了，也沒這個心情，工作太忙。這也可以證明民間故事要消亡的一個很重要的原因：太忙、沒時間。

你們想想看，莫言也好，或者說瑪律克斯也好，很多作家在虛構故事的時候，要想出一個故事的衝突來。你們知道最好的故事、最好的衝突、最神秘的東西一定是來自現實和歷史。虛構的東西，想像力再好，也沒有那麼圓潤。所以我覺得《一千零一夜》是值得一讀再讀的好書。它不可被磨損，多少年以後你還會讀，還有永恆的魅力，這是故事的第四個特點。

還有最後一個特點，故事的結局大部分都是比較完美的、圓滿的。雖然不一定是喜劇，也有可能故事比較悲慘，但是它所有的問題、所有的答案，都會得到解決。敘事學裡面經常說的一個概念叫作所有的衝突都得到緩解或者釋放。懸念一定會解開，而且大部分作品、故事都是結局圓滿的。所以我覺得大家聽故事會聽到很多奇妙的東西。

比如說，梁山伯與祝英台的事故。我經常聽到一個似是而非的描述，說中國人比較樂觀，外國人比較悲觀。比如羅密歐與茱麗葉，最後兩個人死了，很悲慘。梁山伯與祝英台也死了，但最後化成了蝴蝶。我覺得這完全是胡扯。因為梁祝是民間故事，我剛才講民間故事的結局總是圓滿的，西方的民間故事也是圓滿的。你看古希臘悲劇，最後上帝總是會親自出現來化解矛盾。有一年我招博士生，我突然心血來潮，因為只能出一個題目，我就出了個題目叫他們分析《一千零一夜》，結果很多人給考糊塗了，他們沒想到會考這樣的題目。這本

書有這麼重要麼？這本書有一個特點就是每個故事的結尾都是一樣的，他們從此過上了幸福的生活，直至白髮千古，每個故事都一樣。

那個時代不像我們今天這個時代這麼殘酷，很多的矛盾、很多的衝突、很多的問題都可以得到化解。這是故事的時代，但是很不幸，這個時代結束了。為什麼會結束，有很多原因，我簡單地說幾條。第一個就是科技的發展，報導遠方的事情成為可能。本雅明舉了個例子，比如說在書場裡有人在說書，某一個街頭發了重要的火災，你願意去看火災呢，還是願意在書場裡聽故事？大家肯定馬上會做出選擇，絕大部分人會去看火災，因為火災正在發生，前景難測，這個事情本身非常複雜，而且它充滿動感，書場裡的故事有什麼好聽的呢？所以當新聞事件出現的時候，一下子吸引了大量的眼球。

第一個，科技的發展。比如說，以前很多地方我們想都不敢想，我們經常說的爪哇國，你敢去嗎？你能去嗎？你去不了。但是現代，你坐船、坐飛機很容易就能抵達，對於那個地方的人怎麼生活，有什麼奇聞逸事，你都很容易了解。這是很重要的一個方面，新聞報導的信息量巨大無比。

第二個，啟蒙運動。隨著啟蒙運動的慢慢發展，中產階級開始崛起了。比如說以前講故事都講月亮，今天吃飯的時候我還在和韓少功說起中國人看月亮和西方人看月亮不一樣，我覺得很對。中國人看月亮有感情，西方人看月亮沒感情。為什麼月亮在西方不重要，在中國反而重要了？因為中國無月不成詩，你背了大量的關於月亮的詩，很多詩歌都跟月亮有關。所以我經常跟大家開玩笑，你們要讀懂張愛玲，要了解張愛玲跟古典文學的關係。我經常舉一個例子來講《傾城之戀》。《傾城之戀》裡面有一個東西大家讀的時候有沒有感覺，就

是這兩個人本來彼此不相愛，范柳原和白流蘇竟沒有對上眼。范柳原老喜歡找一個他心目中的美好的女子，但白流蘇是一個很平常的、庸庸碌碌的一個婦女，不符合他心目中的形象，兩個人在香港怎麼也擦不出火花來。在淺水灣，兩個人聊了半天也沒成。但是這兩個人的愛情是怎麼成功的？是因為戰爭。張愛玲這個地方很厲害，給這兩個人安排了戰爭，讓他們談戀愛。但是我覺得很重要的一個媒介是月亮，為什麼呢？兩個人在淺水灣聊天，聊什麼？聊地老天荒。《詩經》裡面的執子之手、與子偕老。這個白流蘇根本不懂，什麼地老天荒，酸溜溜的東西很無聊，兩個人就回去了。回到房間之後，突然白流蘇房間的電話響了，電話打過來說，你快看月亮，這個時候白流蘇撲到窗前，看到一個大的月亮在天上，它的影子被薔薇花遮去了一半，然後她看到這個月亮這麼漂亮就覺得奇怪，這個人怎麼會叫我去看月亮。當她再回到電話機前把電話拿起來，發現她能聽到對方的呼吸，但是那個人不說話，電話裡出現了比較長的靜默。這個時候大家注意，白流蘇開始流淚了，什麼事都沒有發生，她為什麼流淚呀？什麼是地老天荒，她感覺到了。

這個東西是張愛玲的趣味了，所以大家讀小說時要仔細讀，要了解裡面的奧妙。但今天不行了，今天的月亮上面是什麼？一九六九年美國人上去過了，中國人還想繼續上去。那麼你今天再去寫關於月亮的詩的話會有心理障礙的。我小時候奶奶總給我出謎語，謎底總是月亮，就是給你猜，一開始我猜不出來，但是後來我發現謎底都是月亮，我就胡猜。這就說明關於月亮的謎語非常多。大家沒事幹，坐在場院裡，抬頭看到的就是這個東西，所謂明月千里寄相思，就是這個人在外地，跟我離得很遠，但是我們可以同時看這個月亮，那我們之

間的距離不就可以連起來了嗎？時間性變成空間性了，這是中國特殊的一種方式。

　　我舉一個例子來講，出現了現代科技以後，傳統的神話、傳統的解釋，包含非常強烈神秘性的東西無奈地被破壞掉了，所以我認為現代啟蒙運動給文學帶來了很重要的東西，同時也帶來很嚴峻的挑戰，把文學自身最重要的魅力給抹殺掉了。本雅明說這叫魅惑力。我們中國人把它翻譯成靈氛或者氛圍，就是非常奇妙的一種東西。現代傳媒的發展，使得報紙可以報導火災，各種各樣的東西，我們開始被資訊傳達的故事所吸引。那麼當然還有更重要的原因，我覺得我今天回老家，肯定不可能出現我小時候在農村的那種感受。

　　比如說我小時候在農村每年冬天都要去外婆家，一大早，母親就把我和弟弟叫醒，然後說路上要化凍，要踩著那個凍走路。到九點鐘太陽出來那個凍就化了，化了之後道路就會變得很泥濘。然後從我們家走到江邊，太陽差不多剛好出來，這個時候可以坐船過長江。到了江北差不多還有相同的路程，到外婆家差不多是傍晚時分。這一天都會耗費在路上，非常艱難。我在上海讀了很多年書後回老家，這個江上已經架起了長江大橋，從我們家開車到舅舅家只需要二十分鐘。你會感受到時間的變化，它把原來屬於遠方的一個東西消失了。現代科技和傳媒使遠方這個概念消失了，現在這個世界上不存在遠方，它都可以抵達。而且你所有最基本的體驗、體悟、感受也沒有了。

　　比如說我到武漢來，完成一次物理上的遷移，從北京到了武漢，住了賓館，過了一個晚上，第二天我又回到了北京，又睡在自己家裡。然後我老是感覺自己出現了幻覺，就是當我睡在家裡感覺自己還睡在賓館裡，說明這種經歷沒有帶給你真正意義上的旅行，只不過是

物理位置上的一個變化，因為你沒有付出長期的勞動。當年住在北京東城區的人，孩子要去清華大學上學，父母送出門的時候都會流眼淚，為什麼？太遠了。你們看當年葉聖陶給俞平伯寫信說要去清華見一見朱自清的遺孀陳竹隱，居然要事先通好幾封信商量具體路線安排，到什麼地方吃飯，雇什麼驢子。距離在過去帶給你的感受和今天完全不同。你坐在計程車裡面，打個小盹就到目的地了。所以我覺得這些東西是導致我們經驗靈光消失的很重要的原因。

我馬上講到第三個大問題，現代小說的產生。小說是什麼呢，我講了這麼多民間故事作鋪墊，接下來大家可能比較容易理解現代小說是什麼。現代小說是一個作家關起門來描述自己的經驗的東西，本雅明把它稱為閉門造車。大家知道，過去講故事依賴的是傳統的、活的、有神秘氛圍的這麼一個故事。小說家也是講故事的人，小說家依據的是他個人的經驗或者經歷，所以我剛才會說流浪漢小說、水手故事在當時佔據很重要的位置。當然，隨著小說史的發展，很多作家開始把自身的經驗放大。大家知道法國有個作家叫普魯斯特，普魯斯特也不怎麼出門，也沒有任何值得我們去關注的離奇的經歷。像沈從文的這種經歷，比如像沈從文文章裡經常會寫到讓我們害怕的東西，比如早上起來一看，滿地人頭，沈從文見過，但普魯斯特沒有。

普魯斯特是貴族，他有哮喘病，經常躺在家裡，他也沒有什麼見聞可以告訴大家。但普魯斯特的作品為什麼會成作家的「聖經」呢？大家為什麼給他那麼高的地位呢？這是因為普魯斯特改變了經驗的表述方法，他把所有人都不注意的邊角料撿起來，他把我們重要經歷的中心扔掉，所以普魯斯特去描述的全是浮光掠影、轉瞬即逝的個人感受。他反正也沒什麼事，躺在床上，生生病。所以我跟許多朋友開玩

笑說大家要看看普魯斯特的七卷本。但這個話說起來有點不太吉利，我覺得最好的是看普魯斯特的書的時間應該是生點小病，在家裡養養病，那個呼吸可能跟普魯斯特一樣，節奏你也能讀出來，非常文雅，娓娓道來，講得非常細緻，把一個微小的細節放大。比如說我們匆匆忙忙走過一個玻璃櫥窗，看到裡面有一個美女的倩影，你可能不會留意吧。男的可能會覺得，嘖，又失戀了一次。可是普魯斯特會想，當他第二次穿過這個地方，又看到這個美女的時候，他會有很多複雜的感受。然後當他在另一個地方，再看到類似的情景的時候，他會把所有的事情連繫起來進行描述。我今天沒有時間來給大家分析普魯斯特，他仍然是依據他的個人經驗來寫作，只不過這個經驗不是傳統意義的經歷，變成了很多的東西，這是小說出現的很重要的一個方面。

第二個，我剛才講過，小說是一次性的，讀了之後差不多就消費掉了。很少有好的小說經得起一讀再讀，所以這也可以被看作我們評判小說好壞的一個很重要的依據。這個作品好不好，這個作品能不能重讀，如果能重讀的就是好小說。小說作為講故事的一個方法，它裡邊仍然保留了一些魅力，也就是說有些小說確實可以一讀再讀，它的這種不可磨損性在某種意義上也確實存在。但是對於大部分小說，我們所說的靈氣或者神秘性已喪失殆盡。

第三，我們剛才講，所有的故事都有圓滿的結局。中國過去是依賴神話，比如說梁山伯與祝英台兩個人最後好不了，最後弄個蝴蝶出來就把神話的因素加進來了，人解決不了，還有神啊，沒關係，你還可以寄託於美好的願望。我剛才講過，希臘悲劇裡面的上帝本人帶給你很多這種東西。小說沒有這種東西，我覺得小說很悲慘，大家沒有覺得幾乎所有的小說都是悲劇型的？所有小說的矛盾幾乎都是不可消

減的，所以這也是本雅明的一個很重要的觀點，小說家是什麼樣的人，是把自己的困惑帶入故事的人，他自己沒法解決。我經常碰到很多讀者跟我提問說，人生應該怎麼度過？我經常就朝他苦笑。我不是傳統的說書人，他沒法解決，他也會象徵性地解決，小說沒有這個特點，小說它不解決。

我認為托爾斯泰可能是有史以來最悲觀的一個作家，大家最近在看重拍的《安娜·卡列尼娜》，我有一個簡單的看法，能不能看懂《安娜·卡列尼娜》可能是區別一個好讀者跟一個還沒有入門的讀者的一個重要標誌。《安娜·卡列尼娜》是全世界沒有作家否認的、公認的傑作。大家知道，有些作品你說好，有人說不好。托爾斯泰是歷史上很少有爭議的作家，他的作品中，《安娜·卡列尼娜》是爭議極小的作品，所有人都服氣。

所以呢，這裡我也順便講講在我心目中什麼是偉大的小說。我的定義是這樣的，所謂偉大的小說，是你的仇人和對手都不得不說好的小說。因為你的小說真的好，你的仇人想貶低你都沒有辦法說話。

《安娜·卡列尼娜》就是這樣的，它表現出的難題托爾斯泰是根本沒法解決的，殘酷無比，所以小說到最後讓你越讀背脊越發涼。本來你對生活還抱有很好的期待，覺得生活還挺美好的，你想從托爾斯泰那裡得到點智慧，沒想到智慧沒得到，最後搞得暈掉了。吉蒂和列文結婚以後，列文家裡還是不敢放獵槍啊，還是不敢把繩子放在她看得見的地方，為什麼？她隨時準備自殺。所有的矛盾都沒有解決，那麼大家會問，托爾斯泰遇到了什麼問題？托爾斯泰遇到了大麻煩，這個麻煩現在沒解決。他為什麼能夠成為偉大的作家？他跟杜斯妥也夫斯基一樣，經歷了那樣一個比如說宗教的垮塌，俄國社會各種各樣的

思潮開始蜂擁出現，社會處於某種失控狀態。在那樣的一個狀況之下，俄國的這批知識分子……當然，托爾斯泰提出了他的方案，這個方案我們今天不說。

你看他在他全盛時期寫的《安娜·卡列尼娜》，大家覺得很神秘，我問大家一個問題，安娜為什麼會自殺？為什麼會死？她去月臺是為了自殺嗎？她去月臺是為了找佛倫斯基，對不對？也就是說，她沒有想到要死，對不對？可是她為什麼又死了呢？是因為火車的聲音，對不對？這個火車一叫，火車叫關她什麼事啊？那麼這個時候她突然想起來，她跟佛倫斯基見面的時候，剛好是來接母親，也是在月臺上，一朵玫瑰花現在已經枯萎了，完全沒有希望，這個火車的聲音完全是一種命運的提示音。所以安娜的死是即興的、毫無準備的。所以她馬上準備自殺，把包一扔，撲到鐵軌下面。然後有大段獨白，這個大家可以去小說裡看了，我就不多講了。不過，托爾斯泰是小說家中的小說家，地位特別重要。

我今天跟韓少功說，得諾貝爾獎的是一撥人，沒有得諾貝爾獎的是另一撥人，你願意站在哪一邊呢？像維特根斯坦這樣一個空氣動力學家，造飛機的。他很少對文學問題發表意見。他只評價了一個作家，就是托爾斯泰。但是托爾斯泰也代表了我們所有人的苦惱，小說是不能解決問題的，它是把它的問題帶給你讓你苦惱。所以我也告訴大家，現代小說絕對不幫你解決問題。你不要以為讀一點卡夫卡，你就會解決你的苦惱。本來你倒沒什麼苦惱，讀了以後麻煩了，晚上睡不著覺。

我跟大家再講個故事。我有一次在華東師範大學，當時我還在留校教書，跟河南的一個作家，我們倆散步，在校園裡面走，走著走

著，突然發現一個女學生，大概是個本科生。她坐在一個石桌旁，在看一本書，我們當然不知道她在看什麼書，因為很遠。但是很誇張啊，她一邊看一邊哈哈大笑，旁若無人。我們走過那個林蔭道，走過去了她還在那裡笑。我們本來想不理她的，可是她笑得太誇張了。然後那個河南的作家就說：「格非，你猜猜看，她看的什麼書。」我說這有什麼好猜的，肯定是漫畫之類的。然後他就突然動了個心思，就跟我說要不我們去看一眼，她怎麼笑成那個樣子。我們倆就過去了，過去了之後也怕把她嚇著，等她笑完了，我們就叫了她一聲：「同學，你這個……我們兩個人也很好奇，我們從這經過，看見你被一本書吸引，在那哈哈笑，我們很想知道，你為什麼笑？看的什麼書？」她說這個好辦，她把書一合，把我們倆嚇一跳，看的是卡夫卡的《審判》。然後，我們就問她，卡夫卡的《審判》有什麼好笑的，我們讀了都做噩夢啊。我們中文系的人，當然，卡夫卡是必讀的嘛，對吧，中文系的人讀過卡夫卡的人當然有很多，你讀了你會覺得很沉重、陰森。怎麼可能笑得出來呢？這個女孩的回答讓我們很吃驚。她說：「你可不知道，好笑極了，我跟你舉例子。」她認為小說開頭就很好笑，她說：「這個人正在家裡吃早飯，突然來了兩個員警，對不起，你被捕了。這個不好笑嗎？然後更好笑的事情是，這幫員警說被捕了吧，那麼把人抓走不就行了嗎。他們不慌不忙地，這個人在吃早飯，他們說你站起來，兩個人坐下來就開始吃他的早餐。」她說：「這個不好笑嗎，我覺得確實好笑啊……」她舉了很多例子，後來我們突然發現，這個人是個天才。你們知道愛因斯坦的大腦被認為是世界上最聰明的大腦。愛因斯坦有一次被卡夫卡的名聲震懾住了，他就跟自己的助手說，有一個叫卡夫卡的人，怎麼名聲這麼大，在整個歐洲的作

家裡排名第四，這個是不是評價過高，自己對這個人還一無所知，好像很慚愧。有人就給他拿了卡夫卡的《審判》。我不知道愛因斯坦是怎麼看的。回去反正看了兩個月，肯定被折磨得夠嗆。看完了以後，愛因斯坦就老老實實把書還給那個人，跟這個人說：「對不起，這本書我讀不懂。」由此可見，卡夫卡的大腦，已經超出了我們的想像。所以，我覺得我們在華東師範大學看到的那個女孩，她的智商比愛因斯坦要高多了。因為她讀卡夫卡，可以帶著一種喜劇色彩。

後來沒過兩年，我在德國參加卡夫卡去世一一〇周年的一個紀念會。捷克斯洛伐克來了一個很有名的學者，做了一個報告，報告的題目就叫《卡夫卡小說的喜劇》。他的報告裡說到一件事，說卡夫卡每次把小說寫完，都要把小說念給他的朋友們聽，他的所有的朋友都笑得在床上打滾。這說明什麼呢？卡夫卡的小說裡邊有喜劇性，只不過是我們這些人被異化了。那個女孩子的笑給我們的印象很深，所以後來我理解卡夫卡的時候，可能有了另外一些東西。

所以我說，托爾斯泰也好，杜斯妥也夫斯基也好，卡夫卡也好，他們實際上是把他們的困惑，把他們不能解決的難題放在了我們的面前，非常沉重。他的故事不一樣，他的問題、懸念、衝突，所有的這些矛盾，他解決不了，那麼到最後呢？連故事都消失了。他之前的幾個偉大的作家，就法國來講，我覺得對小說做出重大革新的一個作家是福樓拜。福樓拜在我心目中要比巴爾扎克偉大得多。巴爾扎克當然也偉大，巴爾扎克的偉大是那種傳統的大作家的那種偉大，就是說，對於他筆下的上百號人物，他都能了解，一般人做不到。你知道巴爾扎克寫的很多是廢話，可是你仍然看得津津有味。

福樓拜不一樣，福樓拜開始把法國小說帶入現代小說，他採取了

全新的方法。他也是普魯斯特的老師，也是很多後來的法國新小說家、法國現代主義小說家，包括羅伯格列他們這些人的共同的導師。但是你們看《包法利夫人》，你們覺得有問題嗎？沒問題啊。《包法利夫人》，很好看。當然他晚年的一個作品不好看，他最重要的一個作品，就是晚年沒有寫完的那個《布瓦爾和佩居榭》。對於那個作品，我個人認為極其重要，雖然沒有寫完，但問題是那個小說不太容易看懂。就說明在那個時代，像福樓拜這批人，同時又是杜斯妥也夫斯基這批人，包括後來的卡夫卡，已經在開始革新小說了。革新到最後，就是我們說的，這裡有兩個概念，我接下來形容的概念跟現在這個概念不一樣，叫作現代主義小說。現代主義小說跟現代小說是兩回事。現代主義小說是完全採用一種我們稱之為共識性的方法來描述的，這個話題太深奧，我今天不講。那麼到最後，故事就消解了，就沒有了。所以你看普魯斯特也好，你看很多作家的作品，比如說，時空都是交錯的，時間都是亂的，沒有現實性，全是空間化的東西。比如說你看羅伯格列，看西蒙……，根本看不懂他們的作品。你們看沃爾夫的作品可能還好一點，女孩子可能還喜歡沃爾夫，對吧？從傳統故事、民間故事到達小說的這個過程，我把它稱為第一次「祛魅」，就是把魅惑力去掉了。大家知道，小說在過去是一個很不重要的東西。在傳統的中國或者西方，都不重要。故事重要嗎？故事不重要。大家茶餘飯後聽聽，有點啟示，文學細胞比較多、感悟性比較好的人可能會成為講故事的能手，如此而已。小說的出現不一樣，小說把社會性，把社會的矛盾和問題引入了作品。大家知道，梁啟超在《論小說與群治之關係》中提出了一個駭人聽聞的觀點，認為中國為什麼在世界上落後，主要的原因是因為中國的小說不發達，所以要進行小說

革命。你們有些人覺得這個觀點可笑，可是在當時一點不可笑。小說承擔了非常多的功能，包括挽救社會、挽救人心、促進社會進步、推動啟蒙運動，有很多貢獻。同時，它的「祛魅」過程也展開了，傳統故事的魅惑力失去了。

但是不管怎麼說，小說裡面的故事還是很迷人，讓人百讀不厭。比如說，大家知道有一個美國作家叫霍桑，我特別喜歡這個人，他是一個神秘主義者。霍桑的故事你有時候讀起來是沒法理解的。他寫的是日常生活的故事，可是它有民間傳統故事的特點。

比如他的小說《威克菲爾德》中的故事：有一個人四五十歲，突然對生活感到厭倦了，覺得自己的老婆也沒什麼意思，每天的生活過得很枯燥。有一天，他拿了一把傘，拎了包，跟老婆說自己出去幾天。他老婆一想，反正這人也經常幹一些出人意料的事情，那隨他去。他就拎個包走了，奇怪的是，他走了以後，突然又回來了，把門打開，把圓圓的腦袋伸進來沖他老婆神秘地笑了一下。他老婆感到渾身發冷，什麼意思嘛，你走吧。這個人到哪去了呢？這個人從此就沒了。他呢，本來是想離開這個老婆、離開這個家庭、離開自己以前的生活，一個人跑到一個賓館裡去住上一個禮拜，然後散散心再回來。這個人覺得，我在這個地方安靜幾天，等我想老婆了，又想以前的生活了再回去。沒想到到了這個旅館裡一住，他覺得我既然能在旅館住一天，為什麼不能住兩天？既然能夠住兩天為什麼不能住一個星期？我住上了一個星期也覺得蠻好嘛，為什麼不能住一個月呢？大家知道他住了多少年？二十年。他住在什麼地方呢？就住在他們家隔壁。大家覺得是不是毛骨悚然。他沒有隱居在一個很遠的地方，他就住在他們家的旁邊，但絕對沒人知道，在那住了二十年。

這是霍桑的智慧，是這種現代小說裡神奇的光亮。那麼這個人經常回去看望他老婆，但他老婆不知道。比如說，他遠遠地透過窗戶看他老婆在幹什麼，他看見她一天天地衰老。他老婆四五天后發現丈夫沒了就報警，報警也找不到，然後開始心絞痛，然後半夜醫生來急救，他無動於衷，只是看著，覺得跟自己沒什麼關係。過了一年後，他老婆就變成了一個寡婦，因為她確信她的丈夫已經不在人世了，她有了寡婦的心態。小說寫著寫著就向著一個奇妙的方向在走。對於這個離家的人來說，他時時刻刻想著要回去，時間對他來說不是問題，可是因為他的妻子完全被蒙在鼓裡，不知道這個人去了哪裡，就把這個人漸漸地忘在了腦後。這個故事發生在倫敦，終於有一天，這個人走出了他的旅館，到大街上去散步。在禮拜天，大家都去教堂，在這個密密麻麻的人群裡邊，他突然看見了自己的妻子正朝他迎面走來。他的妻子跟他迎面擦肩而過居然沒有反應。說她沒反應也是不對的，她走上這個臺階後，手裡拿著教義問答。突然回過頭來，她那個空洞的目光開始搜尋，好像看到有個人有點面熟啊。這時，他受到了震動，回到旅館，把皮箱一拎，回家去了。回到家，把他那個腦袋沖他老婆一笑，說我回來了。

　　這不是民間故事，這是現實生活裡面的故事，可是它具有民間故事的特點，它保留了民間故事的魅力。但是今天，我覺得面臨第二次「祛魅」。什麼叫第二次「祛魅」呢？現在小說反映的是社會現實，跟傳統的故事相比，小說必須具備社會性，必須有政治觀點，必須能夠幫助社會進步，這是現代小說很重要的功能。《聊齋志異》沒有這個功能，《聊齋志異》關心的是另外一個方面的問題。甚至《紅樓夢》也沒有這個功能。但是現代小說基本上都有這個功能。比如表現無產

階級，批判資產階級，表現階級之間的問題，所有問題都在裡邊。當然，現代出現了一個更強有力的東西，就是新聞，我們把它稱為「資訊故事」。

從故事開始慢慢變成小說的故事，小說當然也帶來社會見聞。小說現在讓位給新聞，這是今天小說面臨的第二個問題。資訊在講故事的時候，更殘酷，它是即用即棄的，用完就扔，裡邊什麼都沒有，沒有任何的剩餘。我們看一個好的小說或者一個好的故事，有一個很重要的標準：當你消費它以後，還能不能有剩餘，如果有剩餘，就是好東西。剛才我講的幾個故事都有剩餘，有一些難解的東西。《威克菲爾德》可能過兩千年後還有人看，因為它裡面包含很重要的東西你很難把它解釋清楚，很複雜。但是，新聞，它的版面容量，它的即時性，它的要求，比如說一個事件在頭版占多大比例，這個事情怎麼講，這個事情是發生在哪天，非常清晰，然後它告訴你結論，殺了幾個人，怎麼殺的，這個人最後被抓起來了，然後他有沒有被判刑，等待後續報導。過了很多日子，這個人被判死刑，或者判了多少年，這個事情就結束了。它形成了第二次「祛魅」。也就是說，本來以報導社會事件、描述社會為己任的現代小說在今天又面臨一個很大的問題，主要的工作已經由新聞承擔起來了。

今天的小說家很悲慘，怎麼辦呢？可能在座的有很多是新聞與資訊傳播學院的同學。我有一個經驗，新聞與資訊傳播學院的同學很喜歡聽中文系的老師講課，因為這兩個專業相近，我在清華也經常去為新聞傳播學院的同學講課。新聞偽裝成客觀的東西，小說不偽裝，小說提供的東西，你可以作判斷。新聞基本上是偽裝成一個公正的東西，它的觀點背後代表了某種利益集團，代表了某種意識形態，新聞

不是一個開玩笑的東西。而且現代的新聞有非常大的質疑空間，搞新聞的人要知道新聞背後的這些東西。當年，最重要的一個事件發生在美國，我覺得每個學新聞的人都應該了解這個故事。一個來自英國的保姆，在美國某個州幫人家帶孩子，帶著帶著就不滿意了，就把那個小孩一摔，摔死了。這個鎮上的人知道了這個事件以後非常憤怒。在這個保姆來到這個鎮之前，出現了另外一個事件，就是這個鎮上有幾個黑人強姦了一個白人少女，因為這個州廢除了死刑，而當地的老百姓非常憤怒，一定要把這幾個黑人處死。他們就上書法院，要求恢復死刑，經過幾個月折騰，法院終於同意恢復死刑，這幾個黑人就被判了死刑。判了死刑後緊接著就發生這個保姆摔孩子的事情，這個保姆也得死啊，故意殺人。可是當這個保姆出現在電視媒體上時，觀眾大吃一驚，她長得很美。當你不知道要判死刑的人是什麼樣子的時候，你可以輕易地把文書一推，說：「死刑！」公眾也覺得應該如此。但今天有電視、有錄影，當她出現在電視螢幕上的時候，所有人都不相信她是殺人犯，一定有問題，要調查，英國為了調查這個事情派來了一個強大的聲援團。幹什麼呢？他們要求當地居民再次上書法院，要求法院廢除死刑，因為只有廢除死刑，才能保住這個女孩的命。他們又開始遊行，開始鬧，因為這個女孩在電視裡聲淚俱下地說，她從英國來到美國，沒有家人，老是有懷鄉病，很孤獨，一邊哭一邊豆大的淚珠往下落，你說誰能鐵石心腸？最後幾乎所有的美國人看到新聞都被感動了，他們全部行動起來，結果死刑又被廢除了。死刑廢除之後，那幾個黑人也可以僥倖不死了。你看見嗎？這個法律很好玩。這個女孩沒死，英國人、美國人就給她開了一個有史以來最大的派對，慶祝這個事件，「正義」終於戰勝了「邪惡」，人們的「良知」得到

了報答，大家做了一件大「好事」，挽救了這麼一個如花似玉的少女。等這個派對開完後，新聞記者在回家的路上，經過了一個地方，看見樹林子裡一片燈光，有一戶人家正在搬家。記者很敏感，馬上上去問：「你們半夜搬家，是為了什麼？」這個人眼淚就出來了，說我們家就是孩子被摔死了的那家。我們的孩子是被一個英國女孩活活摔死了，我們成了罪人，你們在慶祝，什麼意思啊？這個社會還有沒有天理啊？她成了英雄，我們也沒辦法，我們也不能跟法律作對啊，我們唯一的辦法就是永遠離開這個鎮，我們一天都不能待了。這家人灰溜溜地搬家，記者趕緊拍，拍完後第二天又播這個。這個鎮上的美國人一看，又不對了，我們怎麼搞的？這家人說得有道理啊。所以今天是一個圖像時代，你要長得好看點是占了大便宜。你也可以看到一個新聞事件背後的客觀性，相對於小說來說出現了非常多的變化，傳統故事根本不管這些。所以到今天為止，小說也是，它不負責解決問題，只提供問題。可是新聞，它會提供一個貌似公正的答案，會給你一個建議，會解決一個問題，我稱之為第二次「祛魅」。所以小說到今天又出現非常大的問題。我們還有一點時間，來稍微說一說我個人對這個局面的一個看法。不知道大家有沒有感覺到，現在的小說，就是發生在當下的小說，已經越來越多地開始「附魁」。什麼意思呢？就是把曾經去掉的一些有魅惑力的東西找回來。魯迅先生揭露了當時社會黑暗，現在揭露社會黑暗的不是作家，而是記者，尤其是大媒體的記者。作家寫個故事，等到書出版，幾個月過去了，而且你的觀點還不一定正確，你還沒有受過專業訓練，叫我怎麼相信你？小說還面臨一個出路的問題。所以我認為當今的小說再次發出非常重要的一個轉折的信號，這個信號是從什麼時候開始的呢？

很多年前，本雅明在討論列斯科夫時認為，列斯科夫成功地提供了一種規範，一種典範，在現代社會也照樣可以利用傳統故事的魅力。我推薦大家回去後看看列斯科夫的一些小說，他的一些小說精彩至極。俄國還有一個大作家叫波爾加科夫，他的著名作品是《大師與瑪格麗特》。現在很多人認為瑪律克斯是受波爾加科夫的影響，受《大師與瑪格麗特》的影響。當然，瑪律克斯本人是否認的，我們且不去管它了。瑪律科夫重新借用了神話和傳統故事，《百年孤獨》是一部怎樣的小說？它是一部故事的集錦。你們知道為什麼《百年孤獨》裡面有那麼多奇妙的故事？是因為他的父親、母親、祖父、祖母都擅長講故事。瑪律克斯在成為作家之前，已經聽過大量民間故事，所以你們看《百年孤獨》，裡面有很多奇妙的故事。二十世紀八〇年代，這本書被翻譯過來的時候，我記得跟余華、蘇童等好多人一看《百年孤獨》都佩服得五體投地。我們不知道拉丁美洲是一個怎樣的社會狀況，就覺得這個作家特別有想像力。你看這個人動不動在天上飛，坐的飛毯；這個神父動不動離地就騰空，身體可以靜止在空氣中；然後你看這個人，他的妹妹阿布蘭塔，失戀了，失戀了現在年輕人最多用頭往牆上撞是吧，她應付失戀的辦法是把地上的爛泥大把大把地吃，吃了以後就好了。

所以你在讀到這些細節的時候，你會特別佩服瑪律克斯的想像力。他寫得既像神話又有嚴肅的主題，比如說殖民主義，比如獨裁，比如歷史變化。但是他使用魔幻主義的表現手法，我還以為是他的想像力的產物。後來瑪律克斯的傳記在中國出版的時候，出版社說讓我寫個序，我就答應了。把這部厚厚的傳記看完以後我才發現，所有《百年孤獨》裡面的事情，要麼是他們家發生的故事，要麼是他現實

中發生的事情，跟想像力沒有關係。什麼意思呢？在拉美地區，它的很多地方都處在一個巫術時代，這個社會還沒有開化。中國的巫術時代是什麼時候結束的大家知道嗎，差不多是春秋時代，中國就開始進入一個人文的國度，開化得非常早。現代的火車突然進入拉美，這裡的老百姓還處在一個巫術時代，會出現一個什麼樣的碰撞？很奇妙。所以瑪律克斯的經歷給我們非常重要的一個提醒，就是說現代小說開始對民間小說、神話故事有了更多的依賴。這樣的作家很多，比如說作家魯西迪。魯西迪是印度的一個作家，我認為是幾十年來最好的作家之一。他的英文很好。哥倫比亞大學的一個教授給學生上課，一年就講一本書——魯西迪的《午夜之子》。魯西迪認為，這個世界的墮落就是因為從故事的消失開始的，所以他要恢復故事的地位。這裡，我稍微提醒一下，故事的消失是把故事裡面慢慢積累的時間性消失了，讓位於事件的空間。所以我們有一句行話，叫作時間性被空間性取代。大家可能不太理解時間性被空間性取代的意思，我舉一個很簡單的例子，比如說愛情是個時間性的東西，至少在我們的理解當中它是個很神聖的東西，是兩個人的結合。但愛情在今天變成了空間性的東西，就是你可以跟不同的女孩談戀愛，也可以跟不同的男孩一起有過很多不同的經歷，但是很多人不再關心這個具有時間性的愛情，對此，大家很容易理解。所以正如加繆所言，在我們今天這樣一個時代，我們顯然已經不能生活得很好了，但是我們可以生活得很多。好是一個時間概念，多是一個空間概念。過去，歌德筆下的失戀者只有兩條出路，一條是自殺，另一條是神經錯亂。在如今，失戀沒關係，很常見，馬上可以再找一個，所以大家也就接受了時間和空間的轉換。比如說生病，我在美國的一個朋友是醫學權威，他說，某個病沒

有治好的概念，全部在維持，至於治癒，醫學上已經不太關心了。這個藥它是怎麼回事，是怎麼作用於你的不知道，他只通過實驗發現這個藥證明對你的機體有效，給你維持。那麼，我覺得故事讓位於小說或者讓位於資訊的這樣一個過程實際上是它的時間性、它的神秘性、它的意義，所有這些對我們個人來講極其重要的概念在消失。德國有一個學者叫布勞克，他也說過類似的話，他說這恐怕是幾百年來最大的一個陰謀，我們都被勸說走向了另一個方向。所以呢，從這個前提上來講，很多小說開始重新來借助傳統故事，比如說哈姆克、安吉拉卡特等。當然，我覺得莫言也是一個很重要的作家，因為他有農村生活的經歷，他的作品裡邊確實具有某種魔幻色彩，某種難解的民間色彩。我今天就講到這兒，謝謝大家。

2012年於華中科技大學演講
華中科技大學當代寫作中心供稿

後 記

二十世紀九〇年代中期，在教育部的宣導和組織下，文化素質教育「一呼而起」，高校文化素質教育的研究與實踐探索蓬勃興盛，而人文講座則成為其中一道最為亮麗的風景線。原華中理工大學大學生文化素質教育基地（現華中科技大學國家大學生文化素質教育基地，以下簡稱「基地」）在諸多前輩時賢的鼓舞與關懷下，順勢而為，彙編出版了華中科技大學、清華大學、北京大學、東南大學、北京科技大學、中國人民大學、復旦大學等高校師生提供的人文講座稿，並冠名《中國大學人文啟思錄》。《中國大學人文啟思錄》（1～6卷）出版後，因其參與學校多、專題涉及廣、講座水準高、思想啟迪深，在海內外引起廣泛共鳴，影響巨大。「一花引來百花開」。此後，各高校紛紛推出形式各異的文化素質教育講座並結集出版演講稿，將全國高校的文化素質教育工作推上新的發展高度。

時隔多年後，我們決定續編《中國大學人文啟思錄》（7～10卷），主要有三方面的原因：首先是向《中國大學人文啟思錄》（1～6卷）致敬，冀圖以此來繼承與高揚由周遠清、季羨林、楊叔子等先生所宣導和開啟的大學生文化素質教育理念；其次也是對基地十多年來工作的回顧與總結；最後也是最重要的原因為，十八大以來，習近

平總書記關於「文化自信」、「弘揚優秀傳統文化」的系列重要講話，特別是習總書記二〇一四年五月四日在北京大學師生座談會上的講話，在全國高校和廣大青年學生中產生了深刻的影響，為新時期文化素質教育指明了新方向，提出了新要求。一些兄弟高校、一批關注文化素質教育的老領導、老教授和廣大熱心讀者希望我們能繼續推出人文啟思錄。為此，我們不揣譾陋、不畏困難，戮力續編《中國大學人文啟思錄》。

與前六卷的編纂相比，此次續編最大的變化是稿源的單一化，即稿件基本源於在華中科技大學舉辦的各種人文講座。華中科技大學致力於「讓文化素質教育的旗幟更加鮮豔」，精心打造人文講座品牌，二十三年來從無間斷。截至二〇一七年六月，基地共舉辦講座二一八五期，一大批專家學者在這裡留下了大量精彩的報告。本次續編稿件主要來源於二〇〇三至二〇〇四年舉辦的一二一四場講座。此外，還有部分稿件來源於華中科技大學中文系當代寫作研究中心和研究生院「科學精神與實踐」講座。

此次續編延續了以前一貫的編輯體例和選錄要求。第七卷選自二〇〇三至二〇〇七年的部分演講；第八卷選自二〇〇八至二〇〇九年的部分演講；第九卷選自二〇一〇至二〇一二年的部分演講；第十卷選自二〇一三至二〇一四年的部分演講。

續編工作由基地主任歐陽康教授組織領導，劉金仿、余東升、索元元、郭玫、曾甘霖等承擔具體的選編工作。

續編工作一如既往地得到了學校領導、楊叔子院士及有關專家學者的鼓勵、支持和指導，華中科技大學中文系、研究生院提供了一批高水準的稿件，一批學生志願者做了大量細緻的錄音整理工作，華中

科技大學出版社給予了大力支持。在此，謹向他們表示衷心的感謝！

編者

2017年10月24日

中華文化思想叢書 · 當代中華文化思想叢刊 A0103010

中國大學人文啟思錄　第九卷（下冊）

顧　　問　楊叔子

主　　編　歐陽康

副 主 編　劉金仿、余東升

責任編輯　陳胤慧

發 行 人　陳滿銘

總 經 理　梁錦興

總 編 輯　陳滿銘

副總編輯　張晏瑞

編 輯 所　萬卷樓圖書股份有限公司

排　　版　菩薩蠻數位文化有限公司

印　　刷　百通科技股份有限公司

封面設計　菩薩蠻數位文化有限公司

出　　版　昌明文化有限公司

桃園市龜山區中原街 32 號

電話 (02)23216565

發　　行　萬卷樓圖書股份有限公司

臺北市羅斯福路二段 41 號 6 樓之 3

電話 (02)23216565 傳真 (02)23218698

電郵 SERVICE@WANJUAN.COM.TW

大陸經銷　廈門外圖臺灣書店有限公司

電郵 JKB188@188.COM

ISBN 978-986-496-424-6

2019 年 3 月初版

定價：新臺幣 400 元

如何購買本書：

1. 轉帳購書，請透過以下帳戶

　合作金庫銀行　古亭分行

　戶名：萬卷樓圖書股份有限公司

　帳號：0877717092596

2. 網路購書，請透過萬卷樓網站

　網址　WWW.WANJUAN.COM.TW

大量購書，請直接聯繫我們，將有專人為您

服務。客服：(02)23216565　分機 610

如有缺頁、破損或裝訂錯誤，請寄回更換

國家圖書館出版品預行編目資料

中國大學人文啟思錄　第九卷 / 歐陽康主編.
-- 初版. -- 桃園市：昌明文化出版；臺北
市：萬卷樓發行, 2019.03
　冊；　公分
ISBN 978-986-496-424-6(下冊：平裝)

1.人文學　2.文集

119.07　　　　　　　　　　　108003026

本著作物經廈門墨客知識產權代理有限公司代理，由華中科技大學出版社授權萬卷樓圖書股
份有限公司（臺灣）、大龍樹（廈門）文化傳媒有限公司出版、發行中文繁體字版版權。
本書為金門大學產學合作成果。　　　　　校對：洪婉妮／金門大學華語文學系三年級